学校管理
与教学实践研究

刘培武　著

黄河出版传媒集团
阳　光　出　版　社

图书在版编目（CIP）数据

学校管理与教学实践研究 / 刘培武著. -- 银川：
阳光出版社，2025. 2. -- ISBN 978-7-5525-7728-0

Ⅰ. G725

中国国家版本馆CIP数据核字第 2025B6V945 号

学校管理与教学实践研究　　　　　　刘培武　著

选题策划　辛鸿彬　王　蓓
责任编辑　王　瑞
特约编辑　姬曼琪　董新月
封面设计　李倩倩
责任印制　岳建宁

黄河出版传媒集团
阳　光　出　版　社　　出版发行

出 版 人　薛文斌
地　　址　宁夏银川市北京东路139号出版大厦（750001）
网　　址　http://ssp.yrpubm.com
网上书店　http://shop129132959.taobao.com
电子信箱　yangguangchubanshe@163.com
邮购电话　0951-5014139
经　　销　全国新华书店
印刷装订　天津创先河普业印刷有限公司
印刷委托书号　（宁）0031494

开　　本　880 mm×1230 mm　1/32
印　　张　7.5
字　　数　150千字
版　　次　2025年2月第1版
印　　次　2025年2月第1次印刷
书　　号　ISBN 978-7-5525-7728-0
定　　价　45.80元

前　言

一、从老校长的一个转身说起

刚到山东省聊城市东阿县牛角店镇联合校工作时，我注意到一个奇怪的现象。从学校的办公区到厕所，需要经过教师停车棚。有好几次，我看到老校长走向走廊尽头，向厕所方向去了，可是快到走廊尽头时又收脚步回来了，再过一会儿才又去了厕所。老校长这个举动，让我十分好奇。

一天，我和老校长沟通完工作后一起聊天，我终于忍不住问了老校长："我经常看到您走到走廊尽头又收脚步回来，这是为什么呢？"

老校长看着我笑了笑，然后语重心长地对我说："你现在也从事学校管理工作，那就和你谈谈，你也可以想想。其实，我是在中途看到有教师在车棚，估计他（她）是有事要出去。如果他们因为看到我而不好意思走，不就耽搁他们的事了吗？所以，看到车棚有人，我就回来了，等人走了再去厕所。"

听到这个答案，我瞬间明白了老校长深得人心的秘密。

这番话仿佛武侠小说里的内功心法一样，让我有了醍醐灌顶的感觉。从老校长的回答中，我看到了"教师"在他心中的分量，也明白了自己对"管理"认识的浅显。这次谈话，对我是一种启发，也指引着我不断地努力前进。

二、从"幼儿活动空间"到"充电桩"

我刚到东阿县第三实验小学当校长的时候，发现教师的工作积极性不高。如何提高教师的工作积极性呢？是对教师提要求吗？不是的，我想应该从改变教师对学校的态度开始，让教师喜欢上学校，甚至是爱上学校。于是，我开始关注学校里出现的具体问题，并努力解决这些问题。

经过一段时间的观察，我注意到年轻教师有时会带孩子上班。因为年纪太小不懂事，父母去上课时，处于无人管理状态的孩子们，就在学校里跑来跑去。有些孩子吵吵闹闹甚至影响了教学秩序，分散了学生和教师的注意力。

最初，学校管理人员只能把孩子们带回他们父母的办公室。但是，这不是最优的解决办法。如何解决这个问题呢？统一规定不让教职工带孩子进学校？规定出台，大家都不带孩子进学校，道理上也讲得通，但这样能彻底解决问题吗？这样，有孩子的教师上课就能安心了吗？

想来想去，我想到一个更好的办法：我们学校正好有一个储存杂物的大教室，可以把这个杂物间改造成幼儿活动空间。这样可以把孩子们集中起来照顾，孩子高兴，教师也安心。说干就干，我们安排人员按游乐场的结构和设施来打造幼儿活动空间，很快就顺利竣工了。

幼儿活动空间打造好了，后续管理问题如何处理？我们管理层商量后，把有小孩子的教师叫到一起，对他们讲："学校已经把活动空间打造好了，后续管理你们有什么建议？"当时就有教师表态："校长，您放心，我们自己协调排好班，轮流负责管理，并且保证：一不会影响教学工作；二肯定会照顾好孩子，不给学校添乱。"

问题就这样解决了，孩子们安全了，教师们安心了，学校安静了。

每天下班后，幼儿活动空间里的器材、图书、玩具都井然有序。看来这些带孩子上班的教师肯定爱上了幼儿活动空间，我想他们肯定也会慢慢爱上我们这个学校。

做完这件事，我又关注到一个问题：有些骑电动车上班的教师会在教室或办公室充电。这可是有安全隐患的事情，非常危险。

这个问题如何解决呢？直接禁止教师在学校充电吗？禁止后，教师们面临的现实问题又该如何解决呢？

在学校专题办公会上，我提议建充电桩。经过学校管理层讨论，决定通过这项提议。我们的学校是小学，孩子们年龄小，为了避免危险，我们还设置了扫码充电。扫码并不收费，只是增加一个保险环节。

这样，既为需要充电的教师解决了问题，又为校园安全排除了隐患。

从"幼儿活动空间"到"充电桩",许多教师对学校的态度在悄然变化,他们的工作态度更加认真了,对学校的建设性意见开始出现了……

三、当校园的"爱"在流动,管理水到渠成

当一所学校把教师的事放在心上,教师自然也会把学校放在心上,他们会发自内心地喜欢上学校,喜欢上学生,并用行动表达这种喜欢,培育学生们健康成长。

当我继续努力解决问题,通过更多渠道和方式关心、关爱教师,更多的教师开始被影响,从而慢慢发生改变。这些改变最终汇集到一起,形成一股巨大的力量,推动学校的教学和各项工作达到了一个新的高度。

我把这个过程理解为校园中的"爱"在流动。当校园中有了"爱"的流动,学校管理则水到渠成,一切都变得简单而高效了。这些尝试,是从老校长的转身中参悟出来的学校管理的真谛,也成了我教学管理中的重要理念。

很多实践中的收获,在鼓励着我,努力拼搏,奋力前行!

目　录

第一章　唤醒自己：从教学实践走向学校管理

第二章　唤醒教师：充满教学激情

第三章　唤醒学生：激发学习动力

第四章 校园建设：构建"教""学"生态

第五章 教学管理：努力创建农村优质学校

第一章

唤醒自己：从教学实践走向学校管理

第一节　起步，在教学实践中成长

2001 年 9 月起，我先后任东阿县牛角店镇联合校教师、政教主任；2011 年 9 月，我任东阿县牛角店镇联合校副校长；2018 年到 2021 年 12 月，我任东阿县鱼山镇联合校党支部书记、校长。

二十年的教育实践，从干部队伍建设到教师专业发展，从教育教学管理到课堂教学改革，从学校德育工作到学生全面发展，我都积累了丰富的经验，逐步培养了全面管理学校的能力，坚定了自己依靠科研和创新引领学校发展的信心。二十年教育生涯，不管在什么工作岗位上，我都能够以诚待人，真心实意地对待每一位师生，做让师生信赖的伙伴和朋友，以教师发展为本，以学生成长为本，推动学校更好更快地发展。

我的努力也得到了各级主管部门的认可，我先后获得了全国生态文明教育创新人物、山东省教育宣传先进个人、聊城市德育先进个人、聊城市优秀教师、聊城市教学能手、聊城市优秀少先队工作者、水城最美教师等荣誉，多次执教聊城市优质课、公开课，在《环境教育》《教育家》等国家级刊物公开发表论文 6 篇，主持省市级课题 5 项。

农村教育是我国教育体系中一个重要的、相对薄弱的环节。作为一名从乡村教师成长起来的乡镇小学校长，我对农村教育的思考和实践一直没有中断。接下来，我将我的历程、思考与经验分享给每一位读者，特别是那些正在农村教育一线奋斗的同仁，希望以此为大家提供一些启示和借鉴。期待我们能共同推动农村教育的发展，为更多的孩子创造更好的教育环境。

一、从一名农村教师起步

大学毕业后，我被分配到山东省聊城市东阿县牛角店镇前曹小学当教师。前曹小学是一所村级小学，校舍比较简陋，只有教室和办公室，图书馆、文化活动室、实验室等都没有，教具也很简单，只有测量类的直尺、三角板等。

学生主要是本地村子里的孩子，基本没经历过幼儿启蒙教育。刚入学的孩子，有的能够识得几个字，会背几首诗，但大部分都是零基础。

起初，我在前曹小学担任四年级的数学教师。因为在校学生少，各学科教师配备也不齐全，每位教师都不是专门教一个学科。于是我也开始兼任自然教师和思想品德教师。

那时，我没有教学经验，却满怀教学热情，每一门课、每一节课都认认真真备课。因为学生们基础不好，我尽量将生活中的事例引入教学，帮助学生顺利理解知识。

为了更深入地解析除法，我以学生熟悉的玉米为例：把玉米分堆，然后再讲授除法的运算。

为了解析加法交换律，我以学生熟悉的两块地中白菜的数量为例：A 地块中的白菜数量加 B 地块中的白菜数量，与 B 地块中的白菜数量加 A 地块中的白菜数量，是不是一样的？

为了解析乘法交换律，我以学生熟悉的黄豆为例：一堆黄豆有 4 袋，总共 5 堆，一共多少袋？怎么表示？一堆黄豆有 5 袋，总共 4 堆，一共多少袋？怎么表示？这两种情况下黄豆数量是不是相等？

为了解析乘法分配律，我以学生熟悉的蔬菜为例：一堆蔬菜中有 3 斤茄子和 4 斤黄瓜，则相同的 4 堆，一共有多少斤蔬菜？可以先把一堆的质量算出来，再算总质量；还可以分别算出茄子和黄瓜的质量，再算总质量。

这些引导和铺垫，能有效帮助学生发现数学的趣味，使他们爱上数学。学生们喜欢上我的数学课，他们听得津津有味，乐此不疲，因此成绩也提升得很快。

上课，对我来说是与学生们快乐交流的过程。一方面是我在教授知识，另一方面，我在尝试教好学生的同时，也在不断完善自己的教学方式，从学生们的反馈中我也获得了提升和成长的机会。

在自然课上，我注重把自然场景与学生熟悉的生活场景搭建起来，课程内容也都非常生动有趣，例如关注节气，观察身边的植物，观察身边的动物，欣赏繁星闪烁的夜空……

那时每天和天真无邪的学生们在一起，我觉得我成了一个孩子王。

一年后，我恋恋不舍地离开了前曹小学，被调到东阿县牛角店镇董袁村小学，教授五年级的数学课和自然课。

当带五年级数学时，我会很自然地与四年级的数学进行关联，关注数学知识的连贯性。

五年级数学数的运算范围扩大，开始从简单的两位数和两位数之间的运算，扩展到多位数之间的加减乘除运算，包括整数、小数和分数的计算。这需要学生掌握更复杂的计算技巧和方法，例如如何处理小数点，如何进行分数的运算等。同时，学生还需要理解更复杂的数学概念，例如代数和方程等。

图形与几何的学习也逐渐深入。在四年级数学中，学生已经学习了简单的图形和几何知识，例如直线、角、三角形和四边形等。在五年级数学中，学生将更深入地学习图形的性质和测量，例如平行线、垂线，长方形与正方形的性质和面积计算等。此外，学生还将学习一些简单的几何变换，例如平移和旋转。这些知识需要学生具备一定的空间想象能力和逻辑思维能力。

统计与概率知识的出现，数学知识有更多抽象的内容需要理解。在四年级数学中，学生已经学习了简单的统计知识，例如数据的收集、整理和描述。在五年级数学中，学生将更深入地学习如何分析和解释数据，例如计算平均数和中位数。此外，学生还将学习一些简单的概率知识，例如概率的定义和计算方法。这些知识需要学生具备一定的分析能力和判断能力。

面对这些变化，我开始考虑小学数学的整体性，开始有了更多宏观性的思考，这对于我来说是莫大的进步。

带着这些不成熟的思考和探究，两年后，我被调到东阿县牛角店镇付寨村小学，教授六年级数学课和自然课。

虽然工作岗位在调整，但工作的大环境依旧是在农村。每天面对来自农村的淳朴的孩子们，我渐渐明白，我在陪伴他们慢慢成长，他们也陪伴着我慢慢成长。

二、看似简单的年级主任

2005年新学期开始，我被调入东阿县牛角店镇联合校工作，教授六年级数学和科学课程，同时以理科教研员的身份从事学科教研工作，并担任六年级的年级主任，负责六年级全年级的教学管理工作。

如果说从一个学科教师到学科教研员是水到渠成，那么负责年级的教学管理工作，我真的是一点经验都没有。当"孩子王"，我有知识上的优势，再加上认知能力和思维能力上的优势，很快就能够找到引领学生们成长的方法和措施。即使有时没有达到预期的教学目标，经过我的反思与学习，也基本能够快速完善教学方式。但对于教学管理，面对和自己教学经验、水平差不多的各学科教师们，我能做些什么呢？无所适从的我甚至找到校长说："我能专注地把教学做好，能把自己班里的学生管理好，但年级教学管理我真的做不了。"

校长鼓励我说："你此前的教学成绩和学生管理能力，我们都有所了解。你肯定可以做好的。年轻教师多学习，我们也会给你足够的支持。年级主任的管理工作没你想象的那么复杂，你可以把这个年级看成一个大班集体，从这个角度看问题、分析问题就可以了。可以理解成，把你此前一个班的管理经验复制到年级各个班里，把一个班的教学计划扩大到年级各个班中。六年级的教师大部分都有经验，有些工作就是协调一下。别想那么复杂，别想那么复杂！"

哦，原来是这样啊，听着确实没那么复杂。但是，事情往往是说起来容易，做起来难。

（一）年级主任的主要职责

校长轻描淡写的话，是对我的安抚和鼓励。但当我接下这个任务后，才发现年级主任的工作并没有那么简单。工作中的很多管理事务，我都需要重新学习，很多工作细节我只能不断向身边的同事和领导请教。

一是制订详细的教学计划。此前我关注的只是自己所教的学科，并且因为是在农村教学，班级少，相互沟通环节简单，很多事协调起来也简单。现在面对的班级多、教师多、学生多，各项工作都要有详细的规划和计划。我要根据学校的教学大纲和课程设置，结合年级的实际情况，制订详细的教学计划，包括教学目标、教学内容、教学方法、教学进度等方面。同时，要考虑到不同学科之间的联系和配合，确保教学的整体性和连贯性。

二是了解教师和学生的需求。此前我关注学生需求，只涉及一个班，现在要根据年级学情考虑问题。在制订教学计划和实施管理之前，要充分了解教师和学生的需求特点。通过与教师和学生沟通，了解他们在教学和学习中产生的需求，根据这些需求来制订相应的计划和措施。

三是建立良好的师生和同事关系。此前我的关注点仅在自己班的学生身上，只需当好一个"孩子王"。现在作为年级主任，一方面关注的学生群体扩大了，要花更多时间了解各个班级的特点及全年级学生，与他们建立有效沟通，关注他们的心理健康和学习状态，积极帮助他们解决学习和生活中的问题，建立良好的师生关系。另一方面要关注教师，找到恰当的方式，建立与各班主任的沟通渠道，建立与各任课教师的沟通渠道。了解教师们的教学能力、教学水平，了解教师们的家庭情况和生活状态等，帮助他们解决面临的教学和生活问题，建立起良好的同事关系。

四是定期进行教学评估。定期组织教师对教学质量和学生的学习效果进行评估和反馈。通过评估结果，及时调整教学计划和方法，提高教学质量，增强教学效果。同时，要关注学生的反馈和评价，及时发现教学中存在的问题并进行改进。

五是加强与家长的沟通。此前做班主任时，我也曾有针对性地进行家访。农村家长家庭教育意识淡薄，再加上自己的经验也不是那么丰富，所以家访多以了解孩子成长背景为主要目的。

现在，从全年级层面考虑与家长的沟通，我在目标、策略和方法上都有了新的思考。学生多了，问题就多，这些问题需要逐一梳理、解决。在这个过程中，一方面需要倾听家长对教学的意见，从家长的角度思考问题，解决问题；另一方面要根据学生的表现，诚恳与家长沟通，提出学校的反馈意见和建议，努力获得家长的积极响应和支持。

通过双方的协同努力，建立学校与家长沟通的渠道，采用合适的沟通策略和方法，可以让家长更好地了解孩子的学习情况和在校时的生活状态，及时解决家长关心的问题，增强家校之间的合作和信任。

以上这些工作不可能由我一个人去完成。针对不同问题和现象，首先需要在教师内部达成共识，进行有计划的分工，然后再与家长沟通实现目标。这对我的组织协调能力是一种实践性培养。

六是关注学生综合素质培养。此前我教学时最多带过三个学科：数学、自然和品德。现在做年级主任，要关注的，不仅仅是学科问题，还包括学生们的兴趣爱好，要考虑通过组织各种形式的学科竞赛、文化活动、社会实践等，激发学生的学习热情和兴趣，增强学生的综合素质和社会责任感。

在制定教学计划和管理措施时，要充分考虑到学生的个性化发展需求。通过关注学生的特长、兴趣、爱好等方面的特点，为学生提供多样化的学习、选择和发展机会。同时，要关注学生的心理健康和情感需求，积极帮助学生解决心理问题和学习困难。

七是注重教师队伍的培训和发展。在进入牛角店镇联合校之前，我主要考虑的是提升自己的教学能力，收集学习材料，寻找学习机会。现在作为年级主任，我必须关注教师队伍的培训和发展，为教师，特别是年轻教师，寻找、提供专业成长的机会。一方面充分利用各种形式的培训、研讨会、学术交流等机会，鼓励教师们积极报名参加；另一方面充分利用年级优秀教师资源，安排其他教师去听课，或组织专题研讨活动。通过这些活动，提高教师的专业素养和教学能力，促进教师的个人发展。

八是进一步完善教学管理制度。建立完善的教学管理制度是做好教学管理工作的基础。要制定明确的教学管理规定和流程，明确教师的教学职责和要求，规范学生的学习行为和纪律要求。同时，要建立健全教学档案管理制度，及时整理和分析教学数据和资料。

积极探索新的教学方法和管理手段，如信息化教学、翻转课堂等，提高教学效果和质量。同时，要关注教育发展趋势和改革方向，及时调整教学管理思路和方法，推动教学的创新和发展。

（二）教学评估是一门学问

此前我自己是被评估对象，现在作为评估者，加入评估团队去评估别人，这是完全不一样的角色和身份，工作的内容、方式和指导思想也完全不同。

为此，自己需要加强学习。学习常见的教学评估方法，如观察法、问卷调查法、学生作品评估法以及综合评估法等。通过对这些方法的研究，我发现做好一次教学评估，保证评估结果的"客观、公正、准确"，真是太不容易了。我们以"观察法"为例，看看评估涉及的内容和步骤。

观察法是一种常用的教学评估方法，通过观察教师教学、学生听课、师生互动等教学活动，评估教学质量和学生学习效果。

评估者要明确观察目的和目标。观察的目的是获取客观、真实的教学情况，了解教师的教学方法和学生的学习表现，从而评估教学质量和学生学习效果。观察的目标包括教师是否能够有效地传授知识、学生是否能够理解和掌握教学内容、师生互动情况等。

评估者要掌握观察内容和方法。观察的内容包括教学内容、教学方法、教学态度、学生参与度、教学效果等。评估者可以采用课堂观察、学生观察、师生互动观察等方法。其中，课堂观察侧重教师的教学语言、板书设计、课堂组织能力等；学生观察侧重学生的注意力、参与度、思维表现等；师生互动观察侧重师生的问答互动、讨论交流等。

评估者要注意观察时间和频率。评估往往不是一次性完成，而是需要一个过程。观察的时间和频率会影响观察的结果。通常情况下，评估者需要在一定的时间段内多次进行观察，以获取足够的数据进行分析和评估。同时，评估者需要根据实际情况调整观察频率，确保观察结果的准确性和可靠性。

评估者要注意多维度观察。评估团队参与者可以有教学管理人员、教师、学生等，但需要具备客观、公正的态度和专业的观察能力。评估观察对象既包括教师，也包括学生，他们需要积极配合评估者的工作，真实地展现自己的教学和学习情况。

评估者要总结和分析观察结果。评估者需要将观察结果进行记录和分析，根据观察目标对数据进行处理和解释。通过数据分析，可以了解教师的教学质量和学生的学习效果，发现教学中存在的问题和不足，为改进教学方法和提高教学质量提供依据和支持。

在此过程中还有一系列注意事项：评估目标和标准是否明确？在进行教学评估前，需要明确评估的目标和标准，以确保评估的针对性和客观性。评估方法选择的是否合适？要根据评估目标和标准，选择合适的评估方法，以确保评估结果的准确性和可信度。评估结果是否及时反馈？评估不是总结束就万事大吉了。在教学评估结束后，需要及时将评估结果反馈给相关人员，以便其及时调整教学策略和方法。是否建立教学档案？在教学评估过程中，需要建立教学档案，记录教学计划、教学内容、教学方法、教学评估结果等信息，以便日后参考和使用。

在年级主任这个岗位上，我必须获取真实的教学情况，了解教师的教学方法和学生的学习表现。当深入工作之中，掌握了教学评估的门道后，我才发现，此前看起来轻松的评估工作，原来内涵那么复杂。

通过对教学评估技能的学习与思考，我加深了对"教"与"学"的理解。一方面，我从优秀的教师那里"偷"学了不少实实在在的教学本领，这对我的教学具有莫大的参考和指导意义。在评估总结时，一方面我提醒自己"天外有天，人外有人"，要打开"脑袋"，放大格局，好好学习；另一方面，从教师暴露的问题中，我有时也能看到自己的影子。所以评估意见不仅反馈给了其他教师，也反馈给了自己。

后来，我经常组织教师们听课，或有意识地安排某教师去其他课堂听听。这都和我的真实体验有关。

（三）在工作实践中成长

很多事情都不是完全准备好了再去做的。在年级主任的岗位上，我也有很多东西不懂，只能边工作、边学习、边成长，积极补充知识，提高技能。

一晃三年过去了，当我有问题找到校领导时，校领导总会耐心地给予帮助，还时不时地附上一句："就这点事，你弄明白了就都顺了，没啥，没啥。"其实，问题一个个出现后，我都是在"这也没啥，那也没啥"的鼓励中成长起来，慢慢把问题理顺，解决处理好的。

我有时也在想，当初如果没有校长轻描淡写地安抚，我到底有没有胆量接受这样的工作任务。如果刚当年级主任时知道有这么多麻烦事，我可能就没有勇气去承担这份责任了。

一路跌跌撞撞地走下来，让我增长了见识，拓宽了视野，提升了能力，明白了教学管理的基本内涵。

三、乡镇小学的政教岗位

2008年9月开始，我担任东阿县牛角店镇联合校校委会成员、政教主任、少先大队总辅导员。有了年级主任的教学管理经验，我在政教岗位总算有了点头绪，但两个岗位在工作内容上也不完全一样。

在政教主任岗位上，教学工作相对轻松一些，但德育工作对于我来说是一个新的领域，需要学习和总结的内容更多一些。

（一）德育工作的重心和思路

我小时候接受的德育教育主要来自思想政治课，现在走向教师岗位，对德育教育的认识和理解则更加深入。

德育工作是学校教学目标的重要组成部分，旨在激发学生的学习兴趣，提高学生的道德认知，规范学生的行为习惯，促进学生的综合素质提升和全面发展。德育工作是一项系统性工作，涵盖了思想、道德、心理、法治等多个方面。

德育工作不像单独的学科教学。单独的学科教学需要一名教师备好课，在课堂上应用各种技术或技巧，把知识传授给学生。而德育工作是一项需要多方协作的工作，需要与学校教导处、总务处、年级组等各部门建立良好的合作关系，共同推进；需要与家长保持密切沟通与合作，形成家校共育的良好局面；需要教师们的大力支持与配合。教师是德育工作的实施者，他们的专业素质直接影响着德育工作效果。所以，还需要关注教师的专业发展，提升教师的德育工作理论和实践水平。

为了吸引学生参与德育活动，提高德育工作效果，我们开展德育活动时，非常注重其多样性和趣味性。

多样性是指活动的形式和内容多样化，包括讲座、讨论、实践、游戏等多种形式。比如，我们组织了植树活动、"家园环境探索"活动、主题歌唱比赛、演讲活动、卫生大评比、板报大评比、"我也爱劳动"等各种活动。通过这些活动培养学生的参与感、团队意识和集体荣誉感。

趣味性是指活动能够引起学生的兴趣和热情，让他们在轻松愉快的氛围中接受教育。比如，"家园环境探索"活动，是利用学生农村生活的优势，让他们寻找生活中的植物和动物，并把这些发现画出来、写出来，帮助学生发现自己家园的美丽，教育学生爱护自己的家园。比如，"我也爱劳动"活动，是让学生讲述自己跟随父母劳动的感受、感想，体会父母劳动的辛苦，鼓励学生帮助父母做些力所能及的事，树立正确的劳动价值观。

（二）爱国主义教育是必修课

充分利用少先队入队仪式，进行爱国主义教育。在入队仪式上，可以通过讲述国旗和国歌背后的故事，以及它们代表的价值观和精神，让少先队员们理解国旗和国歌的意义；介绍国家的历史和文化，让少先队员们更加了解自己的祖国，激发他们的爱国情感，使他们更加自豪和自信。同时，也可以通过介绍一些重要的历史事件、英雄人物和文化遗产等，让少先队员们更加深入地了解国家的精神和价值观。

对每个中国人来说，爱国既是一种责任，也是一种义务，需要我们积极承担和履行。在入队仪式上，还可以邀请优秀老教师讲述国家在新中国成立后发生的天翻地覆的变化，告诉少先队员们，这是在中国共产党的领导下，全体中国人民共同努力的成果，让学生从小立志为国家的繁荣昌盛而努力读书，让他们知道爱国主义不仅仅是一种情感，更是一种行动，需要每个人积极参与和贡献。

与少先队入队仪式相配合，还可以通过实践活动让队员们更加深入地了解国家的历史和文化。比如，组织观看爱国主义教育纪录片、组织参观纪念馆等，让少先队员们增强文化自信，提升民族自豪感，更加热爱祖国、热爱家乡。

（三）搭建德育环境

借助学校广播、黑板报、墙报、宣传栏等宣传阵地，营造良好的校园文化氛围。有时，也可以通过一些街道服务活动，让学生们将爱国主义精神付诸实践。在活动总结时，可以采用唱歌、诗歌朗诵等形式，激发学生们的爱国情感。

充分利用教师资源或借助社会资源，开展成长励志讲座活动。积极联系不同领域的模范人物，组织专题讲座，讲述成长故事；安排学校的名师讲成长故事，丰富德育工作的内容，激励学生立志、勤奋，帮助学生健康成长。

德育工作，不仅面向学生，还要面向教师。需要组织班主任培训活动，提升班主任的工作能力和责任感，指导班主任制订班级工作计划，定期召开班主任会议，组织班主任工作的检查总结和经验交流。

（四）德育工作有评估

学校里的所有工作都需要评估和反馈，德育工作也不例外。

政教岗位的工作要求我们在维持学校的正常秩序，组织值周、值日工作的过程中，在对学校的各项纪律、卫生、两操、路队、出勤等进行检查评比的过程中，结合师生关系、班风班貌、行为习惯、团结互助情况、学习主动性等各个方面，认真评估校园德育工作带来的变化。

在评估过程中，有些是学生自评，有些是学生互评，有些是教师评价，多种形式交叉配合。学校通过评估结果了解德育工作的效果和不足之处，从而及时调整工作计划和改进教学方法。同时，评估结果还可以为进一步优化德育工作提供参考和依据。

一晃三年过去，回头看看在政教岗位的经历，才发觉自己确实成长了很多，对学生、教师、校园文化和学校职能的了解都更全面了。

第二节　升级，为自我发展赋能

在最初的工作中，缺乏经验和对实践中的再学习认知不足，制约了我对教学和学校管理的深度理解。随着工作的深入，对教学管理参与越来越多，我发现自己需要再度学习，学习新知识、新理念，开拓新视野、新格局。只有这样，才能更出色地完成教学任务，完成学校管理任务，探索学校教学管理的发展与升级。

一、勤奋读书，富脑修身

勤奋读书。学校的管理者，应该具备持续学习的心态和习惯。勤奋读书不仅仅是为了获取知识，更是为了通过阅读和学习来拓宽自己的视野、提高自己的专业素养。学校管理者可以通过阅读相关的学术著作、参加专业培训和研讨会，不断更新自己的专业和理论知识，以更好地指导学校的发展和管理工作。我读的书涉猎的主题比较杂，如课程与教学的基本原理、学校管理学、管理学原理、中小学校管理评价、儿童心理学、教育心理学以及学校管理的理论与实务等。

富脑修身。学校管理者应该注重自身的综合素质和道德修养。富脑意味着不断提升自己的思维能力和解决问题的能力，通过思考、研究和实践，培养自己的创新思维和领导力。修身则是培养自己的道德品质和领导风格，以身作则，为学校师生树立榜样。

提升新知识、新理念、新视野、新格局的学习力。这意味着学校管理者要保持开放的心态，接受新的思想和理论，关注教育领域的最新发展动态。学校管理者可以通过参加学术研讨会、行业交流活动和专业培训，与其他管理者和专家进行交流和学习，拓宽自己的视野和思维方式，以更好地应对学校管理的挑战。

注重个人的职业发展和自我反思。学校管理者可以通过制订个人发展计划，设定目标和行动计划，不断提升自己的管理能力和领导力。同时，学校管理者也应进行自我反思，审视自己的管理风格和效果，不断改进和提升自己的管理水平。

二、研究学生成长规律

一是从心理学角度，了解学生的心理发展规律，包括认知、情感、社会和道德等方面的发展。学校管理者可以通过心理学理论和实证研究，了解学生在不同年龄阶段的心理特点和需求。这有助于学校管理者制定出更符合学生心理发展的政策和规定，提供更好的心理支持和辅导。

认知发展。学校管理者需要了解学生在不同年龄阶段的认知发展特点。例如，人在幼儿期主要通过感知和运动来认识世界，而在青少年期则开始发展抽象思维能力。了解学生的认知发展规律，可以帮助学校管理者制订相应的教学策略和评估方法，以促进学生的认知能力发展。

情感发展。学校管理者需要了解学生的情感发展特点。例如，学生在青春期常常面临情绪波动和身份认同的探索。了解学生的情感发展规律，可以帮助学校管理者为学生提供情感支持和辅导，帮助学生建立积极的情感态度，培养良好的情绪管理能力。

社会发展。学校管理者需要了解学生在社会环境中的发展特点。例如，学生在与同伴互动中学会合作、分享和解决冲突。了解学生在社会环境中的发展规律，可以帮助学校管理者制订相应的社交技能培养计划和团队合作活动，促进学生的社会适应能力和人际关系发展。

道德发展。学校管理者需要了解学生的道德发展特点。例如，学生在成长过程中逐渐形成对正义、公平和责任的价值观。了解学生的道德发展规律，可以帮助学校管理者制订相应的道德教育计划和行为规范，培养学生的道德判断能力和行为准则。

二是从教育学角度，研究学生的学习规律和教育需求。学校管理者可以通过了解学习心理学、教育心理学等学科的理论和研究成果，了解学生的学习风格、学习动机、学习策略等方面的特点。这有助于学校管理者制订出更有效的教育政策和教学方法，提供更有针对性的教育服务。

学习风格。学校管理者需要了解学生的学习风格，即学生在学习过程中偏好的方式和方法。例如，有些学生喜欢通过听讲来学习，而有些学生则更喜欢通过实践来学习。了解学生的学习风格，可以帮助学校管理者制订不同的教学策略和选择教材，以满足学生的学习偏好，提高学习效果。

学习动机。学校管理者需要了解学生的学习动机，即学生参与学习的内在动力和目标。例如，有些学生可能因为对某个学科感兴趣而积极学习，而有些学生可能因为追求好成绩而努力学习。了解学生的学习动机，可以帮助学校管理者激发学生的学习兴趣，增强学生的学习动力，制订相应的激励措施和学习目标。

学习策略。学校管理者需要了解学生的学习策略，即学生在学习过程中采取的方法和技巧。例如，有些学生喜欢通过创造性思维来解决问题，而有些学生则更喜欢通过记忆和复述来学习。了解学生的学习策略，可以帮助学校管理者为学生提供相应的学习指导和支持，培养学生的学习技能和自主学习能力。

三是从社会学角度，了解学生在社会环境中的成长和发展。学校管理者可以通过研究社会学理论和社会调查研究，了解家庭、同伴、社区等社会因素对学生的影响。这有助于学校管理者制订出与社会环境相适应的政策和规定，为学生提供更全面的教育支持。

家庭因素。学校管理者需要了解学生在家庭环境中的成长和发展情况。家庭因素对学生的教育和价值观的形成具有重要影响。例如，家庭的教育背景、家庭的支持和关注程度等都会对学生的学习成绩和行为产生影响。了解学生的家庭因素，可以帮助学校管理者制订相应的家校合作计划和家庭教育指导建议，促进学生家庭的支持和积极参与。

同伴因素。学校管理者需要了解学生在同伴关系中的成长和发展。同伴关系对学生的社交能力和情感发展具有重要影响。例如，同伴的友谊和互助关系可以促进学生的社交技能和情感支持。了解学生的同伴因素，可以帮助学校管理者制订相应的社交技能培养计划和同伴合作活动，促进学生的社交适应能力和人际关系发展。

社区因素。学校管理者需要了解学生在社区环境中的成长和发展。社区因素对学生的社会参与和价值观的形成具有重要影响。例如，社区的资源和支持可以给学生提供学习和发展机会。了解学生的社区因素，可以帮助学校管理者为学生提供更全面的教育支持和资源，促进学生的社会责任感和公民意识的培养。

四是从生理学角度，了解学生的生理发展规律。学校管理者可以通过生理学理论和医学研究，了解学生身体发育、健康状况等方面的变化。这有助于学校管理者制订与学生身体发展相关的政策和措施，保障学生的身体健康和安全。

身体发育。学校管理者需要了解学生的身体发育规律。不同年龄段的学生在身高、体重、骨骼发育等方面会有不同的特点。了解学生的身体发育规律，可以帮助学校管理者制订相应的体育锻炼计划和运动项目，促进学生的身体健康和发展。

健康状况。学校管理者需要了解学生的健康状况。学生的健康状况对他们的学习和发展具有重要影响。例如，身体健康的学生更容易集中注意力和积极参与学习活动。了解学生的健康状况，可以帮助学校管理者制订相应的健康教育计划和保健措施，促进学生的身心健康。

饮食与营养。学校管理者需要了解学生的饮食与营养状况。学生的饮食习惯和营养摄入对他们的生长发育和学习能力具有重要影响。了解学生的饮食与营养状况，可以帮助学校管理者制订相应的饮食指导和营养计划，提供健康的饮食环境和食品选择。

三、提高对教育政策和法规的认知力

掌握学习教育政策和法规的方法和途径。学校管理者可以通过多种途径学习教育政策和法规，如参加培训班、研讨会、学习班等。此外，还可以利用互联网资源，查阅相关政策文件、法规解读和专家观点，以及参与在线学习平台的课程学习。

理解教育政策和法规的背景和目的。了解教育政策和法规的背景和目的，可以帮助学校管理者更好地理解其制定的原因和意义。通过深入了解政策和法规的背景，学校管理者可以更好地把握其实施的方向和重点。

分析教育政策和法规的内涵和要求。学校管理者需要仔细分析教育政策和法规的内涵和要求，深入理解其中的条款和规定。可以通过逐条解读、与专家学者交流、参与研讨会等方式，对政策和法规进行深度分析，确保准确理解其要求。

探索教育政策和法规的实施路径和策略。学校管理者需要思考如何将教育政策和法规转化为实际行动，推动学校的发展和改进。可以通过制订实施方案、建立工作机制、培训教师等方式，将政策和法规的要求贯彻到学校的各个方面。

加强与相关部门和专家的合作与交流。学校管理者可以积极与教育主管部门、教育专家、行业组织等建立联系，加强合作与交流。通过与相关部门和专家的合作，学校管理者可以获取更多的政策和法规信息，同时也可以获得专业的指导和支持。

建立学习和反思机制。学校管理者应建立学习和反思的机制，定期回顾和总结教育政策和法规的实施情况，及时调整和改进工作。可以通过组织学习小组、定期开展研讨会、建立学习档案等方式，促进对教育政策和法规的深度理解和应用。

四、建立学习档案和资料库

建立学习档案和资料库，整理和归纳相关的教育政策和法规文件，方便随时查阅和学习。具体来说，建立学习档案和资料库可以包括以下几个方面的内容：

教育政策和法规文件。收集和整理教育部、教育局、学校主管部门等官方发布的教育政策和法规文件，包括文件的原文、解读、指导意见等。可以按照时间顺序或主题分类进行整理，确保档案的完整性和可查阅性。

政策解读和专家观点。收集和整理相关专家学者对教育政策和法规的解读和观点，包括研究报告、学术论文、专家讲座等。这些资料可以帮助学校管理者更深入地理解政策和法规的背景、目的和实施要求。

学习笔记和心得体会。将自己在学习教育政策和法规过程中的笔记和心得体会整理归档。这些学习笔记和心得体会可以是对政策和法规的理解、应用和反思，有助于学校管理者加深对政策和法规的认知和理解。

学习交流和研讨会记录。积极参加学习交流和研讨会，并将学习记录整理归档，包括会议议程、演讲稿、讨论记录等。这些记录可以帮助学校管理者回顾和总结学习交流的内容和收获，为今后的工作提供参考和借鉴。

整理学习资源和参考资料。收集和整理与教育政策和法规相关的学习资源和参考资料，包括书籍、期刊、网站、视频等。这些资源和资料可以帮助学校管理者深入学习和研究教育政策和法规，拓宽视野，提高认知。

为自我发展赋能，仰望星空又能贴地行走，培养战略思维，提高愿景的规划力和行动力，心系学生、善待教师、尊重家长，融入上善若水、虚怀若谷的亲和力；作风民主、公道正派，营造敢于担当、为人表率的公信力。

第二章

唤醒教师：充满教学激情

第一节　唤醒教师教学内驱力

各个领域，各类岗位，都有主动做事和被动做事两种工作状态。主动做事通常能够带来更好的结果和成就感，因为个体能够根据自己的意愿和目标去选择行动的方向和方式，能够更好地发挥自己的能力和潜力。而被动做事则可能导致个体对自己的行动失去控制感和满足感，容易感到压力和不满足，工作结果并不理想。因此，提高员工的工作主动性，唤醒员工工作的内驱力，成为管理者的重要研究课题。

教师，作为一个职业，同样需要提高主动性，唤醒内驱力。教师教学内驱力是指教师在教学过程中内在的意愿和动机，是推动他们积极投入教学工作，并追求更高教学质量的力量。

一、教师教学内驱力的特点

教师是一个特殊的职业，需要从职业特点去研究内驱力的特点。

一是教师教学内驱力来自他们内心的真实需求和愿望，

而不是外部的奖励或压力。这主要表现在以下几个方面：

教师教学内驱力源于他们对教育事业的热爱和执着。教师选择这个职业通常是因为他们对教育的价值和意义有着深刻的认识和理解，希望通过教育来改变学生的生活和未来。这种发自内心的动力和渴望使得教师愿意付出更多的努力和时间，追求教学的卓越和创新。

教师教学内驱力源于他们对学生的关爱和关注。教师往往对学生的成长和发展有着深刻的关注和关心，希望能够帮助学生挖掘潜力和实现目标。这种发自内心的动力和渴望使得教师愿意不断学习和提升自己的教学能力，以更好地满足学生的需求和期望。

教师教学内驱力还源于他们对自我成长和发展的追求。教师意识到自己的教学水平和能力是可以不断提高的，他们希望通过不断学习和反思来提升自己的教学效果和影响力。这种发自内心的动力和渴望使得教师愿意接受挑战和改变，不断探索和尝试新的教学方法和策略。

二是教师教学内驱力会随着时间和环境的变化而变化。因为教师的内在动力会受到各种因素的影响和调节。

教师的内驱力会随着时间的推移而变化。在教师职业生涯的不同阶段，对教育事业的热情和动力可能会有所不同。刚开始从事教师工作时，教师可能会充满激情和热情，积极投入到教学中。然而，随着时间的推移，教师可能会面临挑战和压力，他们的内驱力可能会有所减弱。因此，学校管理者需要不断调整和激发教师的内驱力，以保持他们对教育事业的热爱和执着。

教师的内驱力会因为环境的影响而变化。教师的内驱力可能会受到学校文化、教学资源、学生特点等因素的影响。如果教师所在的学校积极支持教师的发展和创新，提供良好的教学资源和支持，那么教师的内驱力可能会更加强烈。相反，如果教师所在的环境缺乏支持和资源，教师的内驱力可能会受到抑制。因此，学校和教育机构应该创造积极的环境，激发教师的内驱力。

教师的内驱力还会因为个人经历和成长的影响而变化。教师的内驱力可能会受到个人经历、教育背景和专业发展的影响。例如，教师可以通过外部培养，不断提升自己的教学能力和知识水平，激发内驱力。同时，随着教师的成长和发展，其内驱力也会产生相应变化。

三是教师的教学内驱力可以通过外部的激励和培养得以改变和提升。虽然教师的内驱力源于内心的动力和渴望，但外部的激励和培养也可以对教师的内驱力产生积极的影响。

外部的激励可以激发教师的内驱力。例如，学校可以通过给予奖励、荣誉或认可来增强教师对教学工作的热情。学校和教育机构也可以通过提供良好的工作条件、教学资源和其他方面的支持来激发教师的内驱力。

教师还可以通过与同事合作、互相学习和分享经验来培养自己的内驱力。

二、教师教学内驱力的表现形式

教师教学内驱力主要体现在教师的个人目标、教师的教育理念和价值观、教师的自我效能感、教师的专业发展需求以及教师的工作环境和支持。

（一）教师的个人目标

教师的个人目标是指教师对教学工作的热情和兴趣，以及对学生学习成果的关注和追求。教师的个人目标可以通过以下几个方面来体现：

教师的热情和兴趣是个人目标的重要组成部分。它能够激发教师的积极性和创造力，使他们更加投入和专注于教学过程。

教师对学生学习成果的关注和追求也是个人目标的重要体现。教师关注学生的学习成果，希望能够通过自己的教学努力，帮助学生取得良好的学习成绩和发展。

教师的责任感和使命感也是个人目标的重要组成部分。教师认识到自己的教育使命，愿意为学生的成长和发展负责任。这种责任感和使命感能够激发教师的内在动力，推动他们积极投入教学工作。

（二）教师的教育理念和价值观

教师的教育理念和价值观是指教师对教育的信念和追

求，以及对学生发展的期望和关注。教师的教育理念和价值观是教师教学内驱力的重要组成部分，对教师的教学行为和决策产生重要影响。

教师的教育理念是指教师对教育目标、教育方法和教育价值的认识和理解。它反映了教师对教育的信念和追求，能够指导教师的教学行为和决策。

教师的教育价值观是教师对教育活动的根本看法和态度，同时也能够反映教师对学生学习成果、个性发展、价值观培养等方面的期望和关注。

教师的教育理念和价值观对教师的教学内驱力有重要影响，能够激发教师的热情和动力，推动他们积极投入教学工作，为学生提供优质的教育服务。

（三）教师的自我效能感

教师的自我效能感是指教师对自己能够有效地教学和影响学生学习的自信心。自我效能感是教师教学内驱力的重要组成部分，它对教师的教学行为和教学效果产生重要影响：能够激发教师的积极性和创造力，使他们更加努力地投入教学工作；能够影响教师的教学行为和决策，使他们更有信心采取有效的教学策略和方法；能够影响教师的教学效果，使他们能够更好地促进学生的学习和发展。

（四）教师的专业发展需求

教师的专业发展需求是指教师对自身专业知识和教学技能不断追求和提升的需求。它是教师教学内驱力的重要组成部分，对教师的教学水平和教学质量产生重要影响：能够激发教师的学习动力和进取心，使他们不断成长；能够提高教师的教学水平和教学质量，为学生提供更好的教育服务；能够推动教师的教学创新和改进，为学生提供更具有针对性和时效性的教学。

三、唤醒教师教学内驱力的路径

教师是教育事业中最重要的资源，他们的教学质量和教学动力直接影响学生的学习成果。学校管理者可以从以下几个方面唤醒和培养教师教学的内驱力，从而激发教师的热情和动力，提高教学质量。

（一）学校应该提供良好的工作条件和资源

教师的工作环境和支持是指教师所处的教育环境和组织支持，包括学校领导、同事合作、家长支持等，是教师教学内驱力的重要组成部分。良好的工作环境能够激发教师的积极性和创造力，使他们更加愿意投入和坚持教学工作。

例如，建设整洁、宽敞的办公环境，以帮助教师保持专注和高效。提供充足的教学资源，包括教材、教具、实验设备等，以支持教师的教学活动。此外，学校还应该提供先进的教育技术设备，如电子白板、多媒体教室等，以帮助教师创造丰富多样的教学环境。

（二）尊重教师，建设支持和鼓励的校园文化

尊重教师，建设支持和鼓励教师的校园文化，让教师感到他们的工作是有价值、有意义的。学校管理者应该积极参与教学活动，与教师进行互动和交流，给予他们支持和鼓励；可以定期与教师进行面对面的交流，了解他们的需求和困难，并提供帮助和支持。

此外，学校还可以组织教师表彰和奖励活动，及时肯定教师的努力和成就，激发他们的工作动力。这种支持和鼓励的校园文化可以让教师感到被重视和认可，进而激发他们的教学热情和动力。

（三）提供专业发展机会

教师的专业发展是唤醒和培养教师教学内驱力的重要途径。学校应该为教师提供专业发展的机会，例如参加培训、研讨会和教育会议，帮助教师不断更新知识和教学技能，激发他们的学习兴趣和动力。

学校可以与其他优秀学校合作，提供定期的专业培训课程，让教师学习最新的教育理论和实践。此外，学校还可以组织教师间的教学交流和合作，让教师互相学习和分享经验，提高教学水平。通过提供专业发展机会，学校可以激发

教师的求知欲望和教学热情，进而提高教学质量。

（四）鼓励创新和实践

学校应该鼓励教师尝试新的教学方法和策略，并提供支持和反馈。给予教师足够的自主权，让他们能够根据学生的需求和特点进行个性化教学。学校可以组织教师间的教学观摩和评课活动，让教师互相学习和借鉴，激发他们的创新意识和教学热情。此外，学校还可以鼓励教师参与教育研究和教学实践项目，让他们有机会将理论知识应用到实际教学中。通过鼓励创新和实践，学校可以激发教师的创造力和教学热情，提高教学质量。

作为学校管理者，应该重视教师的教学内驱力，积极创造良好的工作环境，为教师的成长和发展提供支持和帮助。只有这样，才能实现学校的教育目标，提升学生的学习效果。

第二节　研究教学方法

一、研究教学方法的意义

学校管理者肩负着提高教学质量、促进教师发展、实施个性化教育、推动创新教学和推动教育改革的重要责任。研究教学方法是学校管理者履行这些责任的关键途径之一，因此研究教学方法具有非常重要的意义。

提高教学质量。不同的教学方法适用于不同的学科和学习目标。选择合适的教学方法，可以提高教学效果，帮助学生更好地理解和掌握知识。合适的教学方法还能够激发学生的学习兴趣和动力，促进他们主动参与和思考，从而提高学习效果。研究教学方法可以帮助教师了解不同的教学策略，提高教学效果和学生的学习成绩。例如，探索性学习方法，可以指导教师在课堂上引导学生主动探索、合作学习，从而提高学生的学习兴趣和深度理解能力。

促进教师发展。研究教学方法可以为教师提供专业发展的方向和支持。通过研究教学方法，了解最新的教育理论和实践，为教师提供相关培训和资源，帮助他们不断提升教学能力和教学水平，提高专业素养。例如，可以组织教师参加教学方法研讨会，分享最新的教学方法和经验，促进教师的专业成长。

实施个性化教育。每个学生都有不同的学习风格、能力和需求。灵活运用不同的教学方法，可以更好地满足学生的个性化学习需求。个性化教学可以帮助学生发挥自己的优势，充分发展自己的潜力，提高学习成绩和自信心。通过研究教学方法，指导教师在教学中关注学生的个体差异，提供有针对性的教学支持，满足学生的不同学习需求。

推动创新教学。研究教学方法可以了解教育领域的最新发展和趋势，引导教师进行创新教学实践。通过研究教学方法，鼓励教师尝试新的教学策略和技术，提高教学的多样性和趣味性，激发学生的创造力和想象力。例如，合作学习可以培养学生的团队合作和沟通能力，探究学习可以培养学生解决问题的能力和创新能力。通过多样化的教学方法，学生可以全面发展各方面的能力，为未来的学习和工作做好准备。

推动教育改革，促进创新和变革。教学方法的不断创新和变革可以推动教育领域的发展和进步。尝试新的教学方法，可以不断提高教学质量，提高学生的学习效果。教学方法的创新也可以激发教师的创造力和热情，提高他们的教学能力，促进他们的专业发展。研究教学方法可以为教育改革提供思路和方向。可以通过研究教学方法，了解国内外教育改革的经验和成功案例，制定和实施相应的教育改革计划和政策，推动学校教育的发展和进步。例如，研究项目制教学方法，可以指导教师开展跨学科的项目学习，培养学生的综合能力和创新精神。

研究教学方法的过程中，需要注意以下几点：要关注教学方法的科学性和实用性，避免盲目追求新潮的教学方法。要注重教学方法的适应性和灵活性，根据学校和学生的实际情况进行选择和调整。要加强教学方法的研究和实践，不断总结经验，推动教学方法的创新和发展。

未来，可以进一步加强与其他学校的合作，开展跨校、跨区域的教学方法研究和交流，共同推动教育改革和提高教学质量。

二、常见的几种教学方法

教学方法的选择和运用对于学校的教学质量和学生的学习效果具有重要意义。在实际教学中，教师应根据学科特点、学生需求和教学目标综合运用不同的教学方法，以提供更全面和有效的教学体验。

（一）"讲授法"教学。它是一种常见的教学方法，强调教师通过讲解、演示和示范等方式向学生传授知识和技能。

教师主导。在"讲授法"中，教师扮演着主导角色，负责规划和组织教学内容，确定学习目标，并通过讲解和演示等方式向学生传授知识。教师具有专业知识和经验，能够将复杂的概念和理论转化为易于理解的语言和示例，帮助学生建立起正确的认知框架。在此过程中，教师的专业知识和经验是学生学习的重要依托。他们需要具备良好的教学能力和沟通技巧，以确保有效的知识传递。

学生被动。相对于教师的主导地位，学生在"讲授法"中扮演被动的角色。学生主要是接受教师的讲解和示范，通过听课和观察来获取知识。学生需要集中注意力，以便理解和吸收教师传授的内容。然而，这种被动的学习方式可能会限制学生的主动性和创造性，因此教师需要在教学中创造机会，鼓励学生参与和思考。

知识传递。在"讲授法"中，教师通过口头讲解、书面材料、多媒体演示等方式向学生传递知识。教师通常会提供详细的解释和示例，以帮助学生理解抽象的概念和理论。这种知识传授的方式可以将复杂的知识转化为易于理解的形式。在此过程中，教师需要注意语言的清晰度和逻辑性，以确保学生能够准确理解和掌握所传递的知识。

教师控制。在"讲授法"中，教师对教学过程有着较高的控制权。他们可以根据学生的反应和理解情况进行及时的调整和补充。教师可以通过提问、讨论和评估等方式来检查学生的学习情况，并及时进行反馈和指导。教师的这种控制权可以确保教学的有效性和学生的学习进展，但也需要教师具备灵活性和适应性，以根据学生的需求和反馈进行相应的调整。

适用范围。"讲授法"适用于知识密集型的学科。这些学科通常需要大量的基础知识和概念的掌握，而"讲授法"可以帮助学生快速获取和理解这些知识。对于一些需要实践和实验的学科，单纯的"讲授法"可能无法满足学生的学习需求，因此需要结合其他教学方法，如实践操作和创作。

在使用"讲授法"教学时，教师需要注意以下几点技巧：

1.讲解要有条理和逻辑，能够清晰地传授知识和信息。

2.讲解要有重点和亮点，突出关键的概念和知识点。

3.讲解要有生动性和趣味性，激发学生的兴趣和思考。

4.讲解要有互动性和参与性，鼓励学生提问和参与讨论。

5.对学生的理解和反馈要给予及时的指导和评价，帮助他们理解和消化所学的内容。

在使用"讲授法"教学时，教师需要注意以下几点事项：

1. 不要过分依赖"讲授法"，要结合其他教学方法和手段，使教学更加多样化和灵活。

2. 不要过度讲解和灌输，要给学生足够的思考和探索空间。

3. 不要过分关注自己的表达，要注重学生的理解和思考能力的培养。

4. 不要过度依赖教材和辅助工具，要根据学生的实际需求进行适当的调整和拓展。

（二）"问答法"教学。它是一种常见的教学方法，通过提问和回答的方式来促进学生的学习和思考。

"问答法"的主要目的是促进学生的思考和参与，培养学生的思维能力和解决问题的能力。它可以帮助学生更好地理解和掌握知识，提高学习效果。此外，"问答法"还可以培养学生的表达能力和自信心，促进学生与教师之间的互动和交流。

在"问答法"教学中，教师通常会提出问题，然后学生回答问题。问题可以是开放性的，鼓励学生进行深入思考和讨论；也可以是封闭性的，要求学生给出明确的答案。教师可以根据学生的回答提出更多的问题，引导学生思考和探索。在问答过程中，教师应该注意鼓励学生的参与和表达，给予积极的反馈。

在使用"问答法"教学时，教师需要注意以下几点技巧：

1. 提问要具有启发性和引导性，能够激发学生的兴趣和思考。

2. 问题的难易度要适当，既要考虑学生的实际水平，又要有一定的挑战性。

3. 鼓励学生多角度思考和多样化回答，避免只有刻板的单一答案。

4. 给予学生足够的时间思考和回答问题，不要急于插话或给出答案。

5. 对学生的回答要给予积极的反馈和评价，鼓励学生的参与和努力。

在使用"问答法"教学时，教师需要注意以下几点事项：

1. 不要过分依赖"问答法"，要结合其他教学方法和手段，使教学更加多样化和灵活。

2. 不要只追求答案的正确性，也要注重学生的思考过程和思维能力的培养。

3. 不要过分强调竞争和评比，要注重学生的个体差异和发展需求。

4. 不要过度提问或过度引导，要给学生一定的自主空间和思考时间。

（三）"演示法"教学。它是一种常见的教学方法，通过展示和示范的方式来向学生传授知识和技能。

"演示法"的主要目的是通过实际操作和示范，让学生亲身体验和观察，从而更好地理解和掌握知识和技能。它可以帮助学生形成直观的印象，提高学习效果。此外，"演示法"还可以激发学生的兴趣和动手能力，培养学生的实践能力和创新思维。

在"演示法"教学中，教师通常会进行实际操作和示范，向学生展示具体的过程和技巧。学生可以通过观察和模仿来学习和掌握知识和技能。教师可以在演示过程中讲解相关的理论知识，引导学生思考和提问。在演示结束后，学生可以进行练习和实践，巩固所学的内容。

在使用"演示法"教学时，教师需要注意以下几点技巧：

1. 演示要具有清晰性和连贯性，能够让学生清楚地看到每个步骤和细节。

2. 演示要有重点，突出关键的技巧和知识点。

3. 演示要有示范性和激励性，激发学生的兴趣和提高动手能力。

4. 演示要有互动性和参与性，鼓励学生提问和参与实践。

5. 对学生的练习和实践要给予及时的指导和反馈，帮助他们纠正错误，不断改进。

在使用"演示法"教学时，教师需要注意以下几点事项：

1. 不要过分依赖"演示法"，要结合其他教学方法和手段，使教学更加多样化和灵活。

2. 不要过分强调自己的示范，要给学生足够的自主空间和实践机会。

3.不要过度关注结果，要注重学生的学习过程和思考能力的培养。

4.不要过度讲解，要让学生通过观察和实践来理解和掌握。

（四）"启发法"教学。它是一种以引导和激发学生思考为核心的教学方法，通过提出问题、情境设置和引导讨论等方式，激发学生的思维，引导学生参与，促进他们主动探索和构建知识。

"启发法"的主要目的是培养学生的思维能力、创造力和解决问题的能力。它通过激发学生的兴趣和主动性，引导他们思考和探索，培养他们的自主学习能力和批判性思维。"启发法"注重培养学生的学习动机和学习兴趣，使学习更加高效高质，同时也有益于学生的综合素质提升。

在"启发法"教学中，教师通常会提出问题、设置情境或引导讨论，以促进学生的思考和参与。教师可以通过提问、举例、引用实际案例等方式，引导学生思考和探索。学生可以通过讨论、实验、研究等方式，积极参与到学习过程中。教师在启发过程中起到引导和促进学生思考的作用，而不是简单地传授知识。

在使用"启发法"教学时，教师需要注意以下几点技巧：

1.提出的问题要具有启发性和引导性，能够激发学生的思考和探索。

2. 引导讨论要有组织性，能够促进学生的交流和合作。

3. 给予学生足够的时间思考和回答问题，不要急于插话或给出答案。

4. 鼓励学生多角度思考和多样化回答，避免只有教师给出的单一答案。

5. 对学生的回答要给予积极的反馈和评价，鼓励学生的参与和努力。

在使用"启发法"教学时，教师需要注意以下几点事项：

1. 不要过分依赖"启发法"，要结合其他教学方法和手段，使教学更加多样化和灵活。

2. 不要只追求答案的正确性，也要注重学生的思考过程和思维能力的培养。

3. 不要过度引导和干预，要给学生一定的自主空间和思考时间。

4. 不要过度强调教师的角色，要注重学生的主体地位和主动性。

（五）"实验法"教学。它是一种以实际操作和实验为基础的教学方法，通过让学生进行实验和观察，来探索和验证知识。

"实验法"的主要目的是通过实际操作和观察，让学生亲身体验和探索，从而更好地理解和掌握知识。它可以帮助学生建立直观的印象，提高学习效果。此外，"实验法"还可以培养学生的实践能力、科学思维和解决问题的能力。

在"实验法"教学中，教师通常会设计和组织实验活动，让学生进行实验和观察。学生可以通过实验设备、实验材料和实验步骤来进行实验操作。教师可以在实验过程中引导学生观察、记录和分析实验结果，帮助他们理解和掌握实验原理和相关知识。

在使用"实验法"教学时，教师需要注意以下几点技巧：

1. 实验设计要具有明确的目的和步骤，能够引导学生进行有针对性的实验操作。

2. 实验指导要具有清晰性和连贯性，能够让学生清楚地了解实验要求和操作方法。

3. 实验过程要具有组织性和安全性，确保学生的实验操作和实验环境的安全。

4. 对学生的观察和分析要给予及时的指导和反馈，帮助他们理解实验结果。

5. 鼓励学生进行实验结果的讨论和总结，促进他们的思考和交流。

在使用"实验法"教学时，教师需要注意以下几点事项：

1. 不要过分依赖"实验法"，要结合其他教学方法和手段，使教学更加多样化和灵活。

2. 不要过度关注实验结果，要注重学生的实验过程和思考能力的培养。

3. 不要过度依赖实验设备和材料，要根据学生的实际条件进行适当的调整和创新。

4. 不要过度强调教师的指导和干预，要给学生一定的自主学习空间。

（六）"实习法"教学。它是一种以实习和实践为基础的教学方法，通过让学生在实际工作环境中进行实习和实践，来探索和应用知识。

"实习法"的主要目的是让学生在真实的工作环境中进行实习和实践，从而更好地理解和应用知识。它可以帮助学生将理论知识与实际工作相结合，提高学习效果。此外，"实习法"还可以培养学生的实践能力、职业素养和解决问题的能力。

在"实习法"教学中，学生通常会到实际的工作场所进行实习，与工作人员一起参与工作任务。他们可以通过实际操作、观察和交流来进行实习和实践。教师可以在实习过程中给予学生指导和反馈，帮助他们理解和掌握实际工作中的知识和技能。

在使用"实习法"教学时，教师需要注意以下几点技巧：

1. 实习安排要具有明确的目标和任务，能够让学生在实际工作中进行有针对性的实习和实践。

2. 实习指导要具有清晰性和连贯性，能够让学生清楚地了解实习要求和工作方法。

3. 实习过程要有组织性和安全性，确保学生的实习操作和工作环境的安全。

4. 对学生的实习表现要给予及时的指导和反馈，帮助他们理解和改进工作技能。

5. 鼓励学生进行实习经验的分享和总结，促进他们的思考和交流。

在使用"实习法"教学时，教师需要注意以下几点事项：

1. 不要过分依赖"实习法"，要结合其他教学方法和手段，使教学更加多样化和灵活。

2. 不要过度关注实习结果，要注重学生的实习过程和思考能力的培养。

3. 不要过度依赖实习场所和工作任务，要根据学生的实际条件进行适当的调整和创新。

4. 不要过度指导和干预，要给学生一定的自主权，增强学生的责任感。

第三节　创建教学法：三法六步两提升

通过研究教学方法，结合工作实践，我们创建了"三法六步两提升"教学法。

一、三法：自主、互助、实践

自主，指的是学生自己主动、有目的的学习，这是课堂最重要的法则。课堂是学生的课堂，学生是学习的主人，"自主"体现的正是这一理念。

互助，就是合作，教师与学生、学生与学生的交流合作。合作的过程即是互助的过程，互助揭示了合作的功能。

实践，指的是练习运用。学生的知识和能力都要从实践中获得，这是不变的学习规律。因此，实践是课堂必须遵循的法则。

二、六步：课堂教学的六个环节

（一）出示目标

目标是课堂教学的灵魂，目标是师生成长的动力，目标还是学生学习的抓手，因此，教学要有明确的目标。目标要紧密联系教材，紧密联系学生实际，切实可行，体现三个维度。切忌目标不清、大话套话，无法操作检测。目标要让学生明白学什么，通过什么过程和方法，达到什么程度。

具体实施：

三言两语引入新课，板书课题，或直接板书课题后出示教学目标，让学生明确本节课的教学目标，激发学生的学习兴趣，调动学生的学习积极性，使学生能主动围绕目标进行探究性学习。

操作要领：

一是出示目标的方式：利用多媒体课件出示。

二是教学目标主要是理解知识、培养能力，至于情感、价值观方面的目标应由教师自己把握，应该将教师的情感、教学艺术甚至教师的一举一动等渗透在课堂教学中，一般不作为向学生出示教学目标的内容。

三是教学目标要从广度和深度上与教材和课标保持一致。该会运用的，就要求当堂运用，形成能力，不能人为地降低到"知道"的要求上；目标不能偏移。

四是教学目标要具体，不要太抽象；要简明扼要，不要内容太多；要通俗易懂，让学生一目了然。

五是出示目标的时间要合理，应该让学生能够认真看懂，不要急于切换幻灯片。

六是出示目标要讲究效果，教师要注意情感投入，引导学生认真明确要求，不宜偏离主题，分散学生注意力。

（二）自学指导

学生的自学能力需要有一个培养提高的过程，学生的学习是从认知的角度理解并加工知识，实现这一转化需要教师帮助学生架起一个有效的桥梁。这就要求教师按照学生的认知特点为书本知识设计合理的自学指导，以便于学生顺利开展自学和探究。教师在教学过程中，不能照本宣科，而是需要把解题过程变成思考的过程，启发学生动脑思考，这就是对教材内容的再创造。因此，教师在设计自学指导的过程中，要重点思考指导学生自主学习的方法。

具体实施：

出示目标后，教师以课件幻灯片的形式指导学生自学。自学指导一定要具体，让学生明确 4 个方面的内容：

1. 自学的内容；

2. 自学的方法；

3. 自学的时间；

4. 自学的要求（即自学后如何检测）。

这样自学就好比做赛前准备，让学生的思维立即被调动起来，提高自学的效率。

操作要领：

一是自学的内容。一般教材中有新知识也有旧知识，自学的内容应引导学生侧重新知识的部分，新旧知识衔接的地方也要理解和掌握。如果教材内容单一，一般为一次性自学；如果教材内容繁杂，可以分几次自学，但每次自学前都必须讲清楚自学的内容或范围。

二是自学的方法。一般先要求学生自己看书，独立思考，不提倡边看书边交流。

三是自学的时间。时间不宜过长，应该让学生紧张、快节奏地完成自学任务，避免拖拖拉拉；时间也不宜过短，应该让学生有认真看书、思考的时间，绝对不可以走过场。因为看书是练习、更正、讨论、当堂训练的前提，所以一定要讲究实效。

四是自学的要求。要告诉学生如何检测，这样能有效地使自学变成检测前的准备，使学生看书时能够真正认真地思考。

五是教师要流露出关心、信任学生的信号。注意使用鼓励性的课堂教学评价，使学生愉快的自学，但语言要简练，不说多余的话，也不给学生听无关的音乐，看无关的录像。

（三）自主学习

学生通过自主学习，解决了一些目标中的浅显问题，有了一定的收获，但是教材并不是一盆清水，一眼就能看到底，还有一些知识比较难，隐藏得比较深，需要教师的点拨启发，学生才能提出问题，进行研究。启发质疑，启发是教师的任务，质疑是学生的任务，教师不能包办代替，否则学生的思维能力得不到锻炼。

具体实施：

自主学习不是指让学生单纯地看书，而是在教师简明扼要地出示学习目标，进行自学指导后，学生能够明确学习目标，使用正确的自学方法，带着思考，在规定的时间内，自学相关的内容。自学形式多种多样，可以是看例题、读课文、做实验等，发现疑难作记号，做与例题类似的练习题。这个环节一般包括学生看书和检测自学效果两个小环节。

一是看书。

看书，是指在出示目标、自学指导两个辅助性环节后，学生按照自学指导认真地看课本、思考或动手操作，并准备参加检测。

操作要领：

学生看书时，教师不宜过多走动，不能在黑板上写字，不能走出教室，不能东张西望。要为学生营造专心读书、思考的良好氛围。教师对认真学习的同学要有赞许；对不够专心的学困生（学习困难的学生），可以说上一两句悄悄话，给他们"指南针"，使他们高高兴兴地认真自学。但教师的话不宜过多，以免分散学生的注意力。

看书的时间也可以变动，如果内容多学生没看完，时间可以延长一些；如果学生全部看完了，也可以提前结束。

二是检测，检查自学的效果。

检测可以采用提问、板演、书面练习等形式，检查学生自学的效果。

操作要领：

一般以书面练习为主。

尽可能让学困生进行板演练习，目的是最大限度暴露自学后存在的疑难问题。

教师要巡视，搜集学生有哪些错误，并及时分类：哪些错误是新知识方面的，这是首先要解决的主要矛盾；哪些错误属于旧知识遗忘或粗心大意的，这是次要矛盾。把新知识方面的、主要的，梳理、归类为"教师点拨"准备内容。这实际上是在修改课前写好的教案,进行二次备课。

学生板演练习时,教师不宜辅导,因为这样既不利于培养学生独立学习的习惯,也会影响全班学生独立思考、紧张练习的效果。

注意,自主学习有时不分看书、检测两个环节。例如,语文、英语课上,指名读书,其他同学更正、讨论;有时提问某一学生,其他同学讨论。

(四)互助交流

合作是一种学习形式,合作的过程即是互助的过程,解疑的过程,也是交流分享的过程。合作可以是同桌之间的合作,可以是学习小组的互助合作,还可以是教师和全班各小组之间的互助合作。合作是为了更好地完成教学目标,让每一个学生都学有所得。展示交流,一方面是呈现学习效果,另一方面是查找学习漏洞、突出重点、突破难点、解决问题,全面落实教学目标。

这一环节重在利用兵教兵、兵练兵、兵强兵的生生互动,提高学生探究、解决问题的能力,让学生成为课堂的主人,享受学习的乐趣。

具体实施:

互助交流主要是指学生自学后"兵教兵"。通过更正、讨论,各抒己见,会的学生教不会的学生,即学生与学生互动,使学生进一步加深对所学知识的理解,最终形成运用所学知识去分析问题、解决问题的能力。

这一环节是帮助学困生解决基本问题，是"补差"；同时，优秀生也能通过帮助学困生纠正错误，教学相长，更加透彻地理解知识，增强能力，养成合作精神。这样，不同层次的学生都能有所提高。

互助交流一般包括更正、讨论两个小环节。

一是更正。

更正是指点名让学生上台对做错的题进行改正，或者对屏幕上出现的错题进行改正。

操作要领：

练习后，教师要问"发现错误的请举手"，这样既可以促使全体同学认真找出错误，又可以了解学情。

在举手的学生中，要请学困生先进行更正。

要尽可能让较多的学生更正。学困生更正错了，或者没有改出错误，再依次让中等生、较好的学生、优秀生更正，这样有利于促进每个学生都紧张地思考；不能先让好学生更正，或者一名学困生更正错了，教师就讲出理由。

学生更正时，教师要有耐心等待，不要轻易表态。

二是讨论。

操作要领：

要尽可能让大家畅所欲言，必要时让大家争论。教师切不可一人回答，不管对否，就迫不及待滔滔不绝地讲，以免学生不动脑，讨论流于形式，课堂气氛不活跃。

要分类讨论问题，便于归纳，避免重复。

在学生讨论的过程中，如果学生说错了，就让别的同学发言；如果学生说对了，教师表示肯定，并做适当的板书。

注意，有时互助交流不分更正和讨论环节。也就是将更正和讨论穿插进行，或者边更正边讨论，如语文、英语课上经常通过提问帮助学生纠正错误，并请其他同学说出理由。

（五）教师点拨

展示交流并不是学习的结束。教师应纵观全局，引领学生强化学习的收获，进一步开拓思维，质疑问难，精讲点拨，解决学生没有发现的问题，通过师生互动达到学习的更高层次。

教师点拨要做到三个明确。

一是明确点拨的内容。讲的内容应该是学生自学后还不能掌握的内容，即自学中暴露出来的主要的疑难问题或练习中的错误。对学生通过自学已经掌握的，没有必要再讲。如果学困生做对了，说明大概率全班学生都会了，教师可以酌情处理，不做讲解；如果学困生做错了，可以先引导中等偏上的学生分析，讲清原因，再指导学生更正、归纳。对个别或极少数学生知识点不熟的问题可以进行课外辅导。这样教师几乎成了"旁观者"，讲的内容就很少了，一般不超过五到六分钟。

二是明确点拨的方式。可以采用多种方式进行点拨，并不是单纯的教师讲、学生听。一般先引导不同组的学生进行更正，尽可能让较多的学生多次参与更正，再引导组与组之间讨论交流，弄懂为什么。学生们可以相互质疑讨论。最后，教师作出评价，一般予以更正、补充。

三是明确点拨的要求。教师不能就题讲题、只追求答案，而是要引导学生找出规律，真正让学生知其所以然，并要帮助学生归纳，上升为理论，引导学生避免在理论运用时可能出现的错误，这就是在理论与实践之间架起一座桥梁，以免学生走弯路。

（六）思维拓展

德国著名的哲学家黑格尔说过："创造性思维需要有丰富的想象。"这就需要一位教师在课堂上给学生们出一道有趣的题目，用来拓展他们的思维。思维拓展，有利于开拓学生的思维，将课本知识和现实生活联系起来，达到训练学生思维能力的目的，有利于加深学生对本节课内容的理解，有利于学生在生活中实践，有利于提升学生的综合素养，培养学生正确的人生观和价值观。鲜活的社会生活永远是学好课程的不竭源泉和重要保障，应重视课堂教学中的思维拓展和衍生环节，力求使课堂教学精彩起来，引导学生积极思考，提高学生的学习兴趣。

具体实施：

思维拓展是在自主学习和互助交流之后进行的，是指当堂完成基础课堂作业并进行有效的衍生和拓展。其目的有两个：一是检测每个学生是否当堂达到了教学目标，做到"堂堂清"；二是引导学生通过练习把知识转化为解决实际问题的能力，引导学生积极思考，提升学生的综合素养。

思维拓展对于巩固所学知识、发展思维能力、培养独立意识和良好的学习习惯以及达到作业的"堂堂清""日日清"，减轻过重的课外负担，都是极为有利的。

教师可以针对学生作业反馈回来的信息，了解哪些学生已经达到了教学目标，哪些学生课后还需要单独进行辅导，并针对学生作业中出现的问题，做出相应的处理。

操作要领：

思维拓展的时间不少于 13 分钟。

练习的内容是完成课本中的练习和习题，让学生运用本节课所学的知识解决实际问题，要注意练习题要有代表性、适度和适量，确保能在下课之前完成并上交作业。

课堂作业要低起点、多层次，有必做题、选做题，还要有思考拓展题。

要注意矫正学生的坐姿和书写习惯，帮助他们培养良好的学习习惯。

练习的形式则是学生像考试那样独立完成，教师不得辅导学生，不干扰学生，学生之间不讨论，确保学生聚精会神地做作业。教师如果发现学生作业中的错误，不要随时指出，要留到课外辅导。

做课堂作业时，如少数学生做得快，能够提前完成，教师可以先给这些学生批改，还可以让他们帮助学习有困难的同学。

根据不同教学内容，对六个环节时长的规划

新授课的六个环节	复习课的六个环节	讲评课的六个环节
"示"—出示目标（约1分钟）	"梳"—知识梳理（约2分钟）	"纠"—自我纠错（约3分钟）
"导"—自学指导（约1分钟）	"例"—例题示范（约3分钟）	"互"—互助交流（约3分钟）
"学"—自主学习（约10分钟）	"练"—巩固练习（约8分钟）	"讲"—教师讲评（约8分钟）
"互"—互助交流（约10分钟）	"互"—互助交流（约7分钟）	"结"—回顾总结（约4分钟）
"点"—教师点拨（约5分钟）	"点"—教师点拨（约5分钟）	"练"—变式练习（约10分钟）
"思"—思维拓展（约8分钟）	"练"—当堂训练（约10分钟）	"点"—教师点拨（约7分钟）

以上六个环节是互相联系、相辅相成的。只有做到"自主学习""互助交流""教师点拨"，让学生真正理解了，有了能力，才能做到"思维拓展"；只有"思维拓展"，才能促使学生在"自主学习""互助交流""教师点拨"时学得紧张而又高效。

"三法六步两提升"教学法的六个课堂教学环节，构成课堂教学的基本程序。教师运用时要掌握一个原则，就是全过程都要指导学生自学。教师的"点拨"应该是在学生"学"了以后，针对发现的问题而进行的。因学情、科目、课型、年级不同等原因，教师必须灵活运用，作出相应的改动，不要生搬硬套，模式化。

三、两提升：课堂评价和课后辅导

（一）课堂评价

高效课堂生成的重要前提是教学目标的完成，而教学目标的完成质量取决于对学生学习积极性的调动和鼓励。

课堂评价即学习过程性评价，贯穿课堂教学过程之中，是成功课堂的有效助力工具。课堂评价的作用体现在对学生和对教师两个方面。

对学生而言，可以直接获得成长。一是通过教师的课堂评价，可以帮助学生了解自己的知识状况和水平，包括对知识核心概念的掌握程度和应用能力，明确学习的方向。二是通过课堂评价，得到教师的肯定和鼓励可以增强学生的学习动力。课堂评价可以通过肯定和鼓励的方式，激发学生的学习兴趣和动力。当学生得到教师的认可和赞扬时，会感到自豪和满足，从而更加积极主动地参与学习。评价还可以帮助学生建立自信心，相信自己能够取得好成绩，进而更加努力地学习，提高学习效果。三是可以通过课堂评价，解决学生遇到的代表性问题，启发全班学生思考，提高学习效率。

对教师而言，可以提高教学水平。一是及时了解学情。通过评价，教师可以发现学生的优势和擅长领域，进一步培养和发展他们的特长；同时，也能够及时发现学生学习中遇到的困难和问题，有针对性地提供帮助和辅导，使每个学生都能够得到有效的学习指导，提高学习效果。二是促进教学方法的改进。通过课堂教学评价，了解学生的学习情况和反应，教师可以发现自身教学方法的优缺点，从而有针对性地进行改进。例如，教师可以通过收集和分析学习成果反馈，来了解哪些教学方法效率更高，哪些教学方法效果并不理想，并在此基础上进行改进。调整教学内容和方式，提供更加有效和有针对性的教学，进一步提高教学效果。

课堂教学评价的要求是贯穿教学全过程的，要求教师时刻注意课堂上学生的反馈，评价既要关注思维的过程，又要关注语言、答案的准确和学生的参与度。

教学的艺术既包括传授知识，也包括激励、唤醒和鼓舞学生。为培养学生热爱学习并能在课堂上集中精力学习，要充分发挥评价的激励功能。我们把竞争机制引入课堂，通过个人竞争和小组竞争获得评分，每节课评出优秀学习小组和优秀个人。并且，各班级、各年级每周每月都要进行总结，以增强学生主动学习、主动参与的意识。

贯穿于整节课的过程性评价，可以激发学生潜能，让整个学习过程充满活力。评价的过程是学习的反馈，是教学成果的验收。通过评价，让学生获得教师的指导，让教师看到学生一步步的成长过程，看到学生每堂课的收获和进步。同时，通过评价激发学生的求知欲望和不甘人后的竞争意识，培养学生的合作精神、团队意识和集体荣誉感。

（二）课后辅导

课后辅导主要指"培优补差"，一是课堂上教师特别关注学习困难的学生（以下简称学困生），解决他们在学习过程中的问题；二是引导学习好的学生（以下简称学优生）帮助学困生。学优生帮助学困生的过程，对学优生而言也是一种再学习、再思考的过程。只有学优生真正懂了、会了，才可以给学困生讲清楚、讲明白，这样既帮助了学困生，又给学优生提供了锻炼机会。

但是，仅靠课上的"培优"和"补差"还不能实现"差转优""优更优"的目的，课后必须及时地、有针对性地强化"培优"和"补差"工作。

这一环节是巩固和提高课堂教学效果的关键，建议做法是：

1.课后教师辅导个别特困生。对于基础非常薄弱的学生，需要教师有针对性地辅导。

2.学优生帮助学困生。对于有一定基础，但是在某些知识学习上有困难的学生，可以由学优生进行讲解、帮助。

3.尽可能保证"日日清"，即今日事今日毕。

4.学生每人一本纠错本。使用纠错本的目的就是把学习过程中，认知不清或做错的题目汇总起来，以备回顾、巩固知识点。

另外，对学优生有针对性地进行拓展性和创新性训练，帮助他们获得更好的成长。如当日作业有选做题，"周周清"练习中设置附加题，这些设置就是为了学优生练习、提升。

第四节　帮助教师提高教学质量

时代在发展，社会在进步，知识也在发生日新月异的升级变化。新时代的教育教学也要在知识大爆炸的今天做到与时俱进，跟上时代步伐，跟上社会发展步伐。从一名农村教师到乡镇学校的管理者，从一线实践到教学管理，我个人也一直走在教学升级的路上。有关提高教学质量的思考，我从以下几个方面入手。

一、明确目标，精心备课

认真研究教材，研究教学大纲，明确教学目标和教学重点、难点，根据学生的实际情况设计教学内容和方法。同时，要考虑到学生的兴趣和需求，尽可能地贴近学生的实际生活，以激发学生的学习兴趣。

深入理解教材。教师需要认真研究教材，深入理解教材的内容、目标和要求，明确教学重点和难点。同时，要了解学生的学习情况和需求，根据实际情况调整和优化教学内容，确保教学的针对性和实效性。

关注学生的实际情况。在备课过程中，教师需要关注学生的实际情况，包括学生的年龄、学习经验、兴趣爱好等，以设计适合学生的教学方法和内容。同时，要考虑到学生的个体差异，为不同层次的学生制订不同的学习目标和学习计划。

注重教学设计。备课过程中，教师需要注重教学设计，根据教学目标和学生实际情况，设计适当的教学情境、活动和问题，以激发学生的学习兴趣和探究精神。同时，要注重教学内容的呈现方式，尽可能地运用多种感官、多种语言和多种形式进行教学，提高学生的学习效果。

精心准备教学资源。教师需要积极利用各种教学资源，如多媒体课件、视频、图片、实物等，以帮助学生更好地理解和掌握教学内容。同时，要注重教学资源的整合和优化，确保教学资源与教学目标和学生实际情况相匹配。

注重教学反思。教学结束后，教师需要进行教学反思，思考教学中存在的问题和不足，总结经验教训，不断改进教学方法和策略。同时，要与其他教师进行交流和讨论，分享教学心得和经验，共同提高教学质量。

二、关注学生，因材施教

要关注每一个学生的需求和特点，尊重学生的个体差异，做到因材施教。针对不同层次的学生，设置不同的教学目标和教学方法，让每个学生都能在课堂中有所收获。

了解学生的需求和特点。教师需要了解学生的需求和特点，包括他们的学习经验、兴趣爱好、个体差异等。通过与学生和家长建立良好的沟通和合作关系，教师可以更好地了解学生的需求和特点，从而为他们提供更加贴合需要的教学服务。

关注学生的心理健康。教师需要关注学生的心理健康，了解他们的情感和思想动态，要创造一个积极向上、和谐健康的班级氛围，帮助学生解决心理问题，提高他们的自信心和积极性。

因材施教。教师需要根据学生的实际情况进行教学，制订不同的学习目标和学习计划。要关注每个学生的个体差异，根据不同学生的特点进行有针对性的教学，帮助他们克服学习上的困难和挑战。

激发学生的学习兴趣和探究精神。教师需要注重激发学生的学习兴趣和探究精神，通过设计有趣的教学情境、活动和问题，引导学生主动思考、发现和解决问题，培养他们的自主学习和合作学习能力。

注重学生的实践能力和创新思维的培养。教师需要注重学生的实践能力和创新思维的培养，通过组织实践活动、开展创新性项目等方式，鼓励学生积极动手、动脑，培养他们的实践能力和创新思维能力。

三、灵活运用教学方法

要根据教学内容和学生的实际情况，灵活运用不同的教学方法，如直观教学、情境教学、探究式教学等，以激发学生的学习兴趣和提高学习效果。

从灵活运用教学方法的角度来看，教师可以通过以下方式提高教学质量：

了解各种教学方法的优缺点。教师需要了解各种教学方法的优缺点，如直观教学、情境教学、探究式教学等，以便根据实际情况选择合适的教学方法。同时，教师需要不断学习和尝试新的教学方法，以更好地适应不同教学内容和学生需求。

根据教学内容和学生实际情况选择合适的教学方法。教师需要根据教学内容和学生实际情况选择合适的教学方法。例如，对于较为抽象的概念和原理，可以采用探究式教学，引导学生主动思考和探究；对于需要记忆和巩固的基础知识，可以采用情境教学或游戏教学，以激发学生的学习兴趣和积极性。

运用多种感官和形式进行教学。教师需要运用多种感官和形式进行教学，如听觉、视觉、触觉等，以帮助学生更好地理解和掌握教学内容。例如，可以通过多媒体课件、实物展示、模型制作等方式，让学生更加直观地了解教学内容。

注重学生的实践能力和创新思维的培养。教师需要注重学生的实践能力和创新思维的培养，通过组织实践活动、开展创新性项目等方式，鼓励学生积极动手、动脑，培养他们的实践能力和创新思维能力。

及时反馈和调整教学策略。教师需要及时反馈和调整教学策略，根据学生的表现和反馈情况，及时调整教学策略和方法，以确保学生的学习效果。同时，也要注重与家长的沟通和合作，共同促进学生的进步和发展。

总之，教师要提高教学质量，需要灵活运用各种教学方法，根据实际情况选择合适的教学方法，运用多种感官和形式进行教学，注重学生的实践能力和创新思维的培养，以及及时反馈和调整教学策略。通过不断探索和实践，教师可以提高自己的教学能力和专业素养，为农村教育事业的发展做出积极贡献。

自 2017 年以来，学校把思维导图教学课堂一体化作为学科教学改革的重心。借助《区域推进中小学思维导图发展型课堂教学的理论与实践研究》省级课题研究，教师们利用思维导图，以课前预习、课堂延伸、复习整理、课外阅读为抓手，总结出"三图合一"的教学模式，这种创新的教学模式得到了市教体局领导及全市各县区同行的一致认可。

四、培养学生的思维能力

要注重培养学生的思维能力，引导他们积极思考、主动发现问题和解决问题。可以通过组织课堂讨论、小组合作等方式，培养学生的自主学习和合作学习能力。

创造学习情境，促进学生思维发展。农村小学生往往依赖性强，处于被动思维状态。因此，教师需要充分调动他们的学习积极性，抓住时机，创造情境，把学生情绪引进与学习内容有关的情境中，激发他们探求知识的迫切愿望，让他们动脑思考，开口表达，主动地获取知识。

设置问题情境，启发学生主动思维。教师要根据学习内容和学生认知规律，精心设置问题情境，形成悬念，启发学生主动思维。通过设置问题情境，让学生产生认知冲突，激发其好奇心和求知欲，使其主动去寻找答案，解决问题。

创造操作情境，形成乐趣，提高思维的主动性。根据小学生的年龄特征，创造操作情境，引导学生通过比一比、量一量、剪一剪、拼一拼、试一试等实践活动，亲身参与，主动思考，提高思维的主动性。

引导学生动手实验，培养思维能力。让学生自制学具，人人参与动手操作。这样的实践活动可以使学生思维处于主动状态，培养思维能力。同时，自制学具的过程也是学生对知识进行主动建构的过程，有利于对知识的理解和记忆。

创造竞争情境，激发学生的思维。通过创造竞争情境，引导学生参与竞争活动，激发学生的思维。例如在课堂上组织一些小型的竞赛活动，如解题比赛、演讲比赛等，可以让学生在竞争的氛围中提高思维能力和表达能力。

五、及时反馈与调整教学策略

教师要时刻关注学生的学习进展和反馈，及时调整教学策略和方法，以确保学生的学习效果。同时，也要注重与家长的沟通和合作，共同促进学生的进步和发展。

及时了解学生的学习进展和反馈。教师需要时刻关注学生的学习进展和反馈，包括他们的学习效果、学习态度、学习困难等。通过了解学生的学习情况，教师可以及时调整教学策略和方法，以确保学生的学习效果。

注重与家长的沟通和合作。教师需要及时与家长进行沟通和合作，共同促进学生的进步和发展。通过与家长建立良好的合作关系，教师可以了解学生在家庭中的表现和反馈，及时发现和解决学生的学习困难和问题。

及时调整教学策略和方法。根据学生的反馈和表现，教师需要及时调整教学策略和方法，以适应学生的需求和能力。例如，如果发现有学生学习进度滞后，教师可以调整教学计划和方法，提供额外的辅导和帮助。

注重学生的个体差异。教师需要关注每个学生的个体差异，根据不同学生的特点进行有针对性的教学。通过了解学生的兴趣爱好、学习经验、个体差异等，教师可以为每个学生制订不同的学习目标和学习计划，以提高学生的学习效果。

建立学生的学习档案。教师可以建立学生的学习档案，记录学生的学习进展和反馈，以便更好地跟踪和管理学生的学习情况，及时了解学生在学习过程中遇到的问题，并制订相应的调整计划，以提高学生的学习质量。

六、不断提高自身素质

作为一名农村教师，要不断学习和提高自身的专业素养和教育教学方法，以更好地适应时代发展的要求和学生的需求。可以通过参加教师培训、研修活动和自主学习等方式提高自己的素质和能力。

不断学习，更新教育观念。教师需要不断学习新的教育理念和方法，了解最新的教育教学改革动态，以更好地适应现代教育的需求。可以通过阅读教育类书籍、参加教育培训等方式，不断更新教育观念，提高专业素养。

掌握现代信息技术，提高教学效果。现代信息技术为教学提供了更多的可能性，教师需要掌握现代信息技术，利用多媒体、网络等手段辅助教学，提高教学效果。通过学习计算机软件、参加教育技术培训等方式，提高自己的信息技术水平。

与其他教师交流合作，共同提高。教师需要与其他教师交流合作，分享教学经验、教学方法和教学资源，共同提高教学质量。可以通过参加教师研讨会、教育论坛等方式，与同行进行交流合作，共同探讨教育教学问题。

参与教育科研，提高学术水平。教师需要参与教育科研，研究教育教学中的问题，探索新的教育教学模式和方法，提高学术水平。通过参加教育科研项目、撰写教育教学论文等方式，不断提高科研能力和学术水平。

注重师德修养，树立良好形象。作为教师，需要注重师德修养，树立良好的形象。要热爱教育事业，关心学生成长，具备高尚的道德品质和教育情怀。通过良好的师德修养，树立崇高的教育形象，为学生做好榜样。

总之，提高农村教学质量需要教师在教学实践中不断探索和总结经验，注重学生的需求和个体差异，采用科学的教学方法和手段，加强与家长的沟通和合作，以及不断提高自身素质和能力。只有这样，才能真正提高农村教学的质量，促进农村教育事业的发展。

第三章

唤醒学生：激发学习动力

第一节　学生学习内驱力的特点和表现

随着教育心理学的发展，越来越多的人开始关注学习内驱力在学生学习过程中的作用。小学生正处于身心发展的关键期，培养他们的学习内驱力对于其未来的学习和发展具有重要意义。本节旨在深入解读小学生学习内驱力的特点及表现，为教育工作者和家长提供理论指导和实践建议。

学习内驱力理论认为，学生的学习动机主要来源于内部因素，如兴趣、需求、价值观等。该理论强调学生的主体性，认为学生是学习的主人，应主动参与学习过程，而不是被动接受知识的灌输。同时，学习内驱力理论也强调教师的引导作用，认为教师应通过创设情境、提供资源等方式，激发学生的内在学习动力。

一、小学生学习内驱力的特点

主动性。小学生学习内驱力的主动性表现为对学习的积极参与和主动探索。他们愿意主动尝试新事物、新方法，不满足于被动接受知识。同时，他们也愿意主动承担责任，对自己的学习负责。

兴趣性。小学生学习内驱力的兴趣性表现为对学习的浓厚兴趣和好奇心。他们对感兴趣的科目和领域会投入更多的时间和精力，积极探索、思考。同时，他们也会因为兴趣而产生更强的学习动力和成就感。例如，在课堂上，当教师提到一个新的概念或知识点时，小学生可能会立刻提出一系列的问题，想要了解这个知识点的来龙去脉。这种好奇心可以促使他们更加深入地学习和理解知识。

探究欲望强烈。小学生喜欢动手实践，通过观察、实验等方式来探究事物的本质和规律。他们不仅仅满足于表面的知识，更希望深入了解事物的内在逻辑。例如，在科学课上，小学生自己动手做一些小实验，通过观察实验现象来探究科学原理。这种探究欲望可以培养他们的观察力和实验能力，同时也能够加深他们对知识的理解。

目标性。小学生学习内驱力的目标导向表现为对学习目标的明确和追求。他们不仅关注学习的过程，也关注学习的结果。他们会根据自己的目标制订学习计划，并为之努力。同时，他们也会因为目标的实现而获得满足感和自信心。

成就感，也称自我效能感。小学生学习内驱力的自我效能感表现为对自身能力的信任。他们会根据自己的能力和需求选择合适的任务和挑战，不会因为困难而放弃。同时，他们也会在成功的经历中获得自我肯定和成长的动力。

二、小学生学习内驱力的表现

积极参与的学习态度。有学习内驱力的小学生会对学习持有积极的态度和情感。他们乐于学习、善于学习，认为学习是一种享受和成长的过程。他们会积极参与课堂活动、主动提问、乐于分享自己的想法和经验。

自主学习能力。有学习内驱力的小学生会具备自主学习的能力。他们能够根据自己的需求和目标制订学习计划，合理安排时间，选择合适的学习方法和策略。同时，他们也会善于利用各种资源进行自主学习和自我提升。

创新意识和探索精神。有学习内驱力的小学生会有较强的创新意识和探索精神。他们不满足于被动接受知识，而是会主动探索、发现新的知识和领域。他们会尝试新的学习方法、接纳新的观点和思路，具备创新思维和创造力。

良好的自我调节能力。有学习内驱力的小学生会具备良好的自我调节能力。他们能够根据学习目标和需求调整自己的学习状态和方法，克服困难和挫折，保持积极的学习心态和情绪。同时，他们也会根据反馈及时调整自己的学习计划和目标，不断提高自己的学习效率和能力。

学习习惯逐渐养成。小学生处于学习习惯逐渐形成的阶段。在这个阶段，他们需要家长、教师的引导和帮助来培养良好的学习习惯。良好的学习习惯包括定时复习、独立完成作业、积极参与课堂讨论等。这些习惯可以帮助他们更加有效地学习，提高学习效率和学习成绩。

第二节　唤醒学生学习内驱力

学习内驱力是指一种来自学生内心的动力和动机，是一种积极的力量，推动学生积极参与学习活动、追求知识和提高自己的能力。内驱力会引领学生积极主动地学习，并从中获得满足感和成就感。它可以提高学生的学业成绩、增强学生的学习动力，并促进学生的个人发展。内驱力可以由学生对学习的兴趣、好奇心、挑战性、自我提高的愿望等因素激发而来。因此，很多学校、机构、教师和家长积极探索，培养学生的内驱力，以提高学生的学习效果和学习动力。

一、激发学生的学习兴趣和好奇心，培养学习内驱力

（一）激发学生的学习兴趣是培养学生学习内驱力的关键

教师可以通过生动有趣的教学方式激发学生的学习兴趣，让学生感到学习是有意义、有价值的。当学生对学习内容有兴趣时，他们会更加积极主动地参与到学习中，并从中

获得满足和成就感。因此，教师和家长应该注重从以下几个方面激发学生的学习兴趣：

一是创造生动有趣的教学情境。教师可以通过创设生动有趣的教学情境，将学习内容与学生实际生活、经验等联系起来，激发学生的好奇心和探索欲望。例如，在数学课上，教师可以利用生活中的实际问题来引导学生解决数学问题；在历史课上，教师可以利用历史事件的故事性来吸引学生的注意力。

二是提供多样化的学习体验。多样化的学习体验可以满足学生的不同学习需求和兴趣，激发他们的学习动力和积极性。例如，利用多媒体教学，将学习内容以更加生动、形象的方式呈现出来，吸引学生的注意力。在英语课上，教师可以利用英语电影、音乐等多媒体资源来帮助学生提高英语听说能力；在地理课上，教师可以利用地理图片、视频等多媒体资源来帮助学生更好地理解地理知识。

多样化的教学方法是提供多样化学习体验的基础。教师可以采用讲授、讨论、实验、游戏、角色扮演等多种教学方法，来满足学生的不同学习风格和需求。例如，对于视觉型学生，可以使用图片、图表、视频等多媒体资源进行教学；对于听觉型学生，可以通过讲解、讨论等方式进行教学。通过多样化的教学方法，可以激发学生的学习兴趣，提高他们的参与度和学习效果。

丰富多样的教学活动是提供多样化学习体验的重要手

段。教师可以组织实地考察、客座讲座、科学实验、艺术创作、社区服务等活动，让学生亲身体验和探索知识。这样的活动可以使学生从实践中获得知识，培养他们观察、思考和解决问题的能力。同时，这些活动也能激发学生的好奇心和求知欲，使他们对学习更加感兴趣。

个性化的学习任务和项目是提供多样化学习体验的关键要素。教师可以根据学生的兴趣和能力，设计个性化的学习任务和项目，让学生在学习中有更多的选择和决策权。这样可以增加学生的学习动力和参与度，同时培养他们的自主学习能力和解决问题的能力，激发学生的学习兴趣，使他们更加主动地参与学习，提高学习效果。

三是引导学生参与互动。教师可以通过引导学生参与互动，激发学生的学习兴趣和积极性。例如，在科学课上，教师可以引导学生进行实验、观察、讨论等活动，让学生通过亲身实践来加深对科学知识的理解；在语文课上，教师可以组织学生进行角色扮演、朗诵等活动，让学生更加深入地理解文学作品。

四是给予学生肯定和鼓励。教师可以通过及时肯定和鼓励学生，激发学生的学习兴趣和自信心。当学生在学习上取得进步时，教师应该及时给予肯定，让学生感到自己的努力得到了认可和重视。同时，教师还应该鼓励学生，帮助他们培养勇于尝试、不怕失败的精神，让学生更加自信地面对学习中的挑战。

（二）鼓励学生自主学习：培养学生主动参与学习、独立思考和自主探索的能力。

这种学习方式不仅可以激发学生的学习兴趣和好奇心，还能提高他们的学习效果和自我管理能力。例如，鼓励学生提出问题，根据学科进行主题性探讨、研究或探索，并给予他们足够的支持和指导。

一是培养学生的学习动机。鼓励学生自主学习的第一步是培养他们的学习动机。教师可以通过激发学生的好奇心、提供有意义的学习任务和项目、与学生分享学习的乐趣等方式，让学生认识到学习的重要性和价值，从而主动参与学习。

二是提供学习的自主性。为了鼓励学生自主学习，教师应该给予学生足够的自主权。这包括让学生在学习中有更多的选择和决策权，例如选择学习的主题、制订学习计划、选择学习资源等。同时，教师还应该提供适当的指导和支持，帮助学生建立学习目标和规划学习过程。

三是培养学生的学习策略。学习策略是学生自主学习的关键。教师可以教授学生一些有效的学习策略，例如时间管理、目标设定、阅读技巧、记忆方法等，帮助学生提高学习效果和自我管理能力。同时，教师还可以鼓励学生尝试不同的学习方法和技巧，培养他们的学习灵活性和创新能力。

四是提供反馈和评价。鼓励学生自主学习还需要及时的反馈和评价机制。教师可以定期与学生进行学习反馈，帮助他们了解自己的学习进展和问题，并提供相应的指导和建议。此外，教师还可以鼓励学生进行自我评价和自我反思，培养他们的学习自觉性和自我调节能力。

（三）鼓励学生组织学习小组：在小组中互相学习和合作，可以有效地激发学生的学习兴趣和好奇心，增加学生的参与度和学习动力，同时培养他们的团队合作和沟通能力。

鼓励学生组织多样化的学习小组。学习小组的多样性可以满足学生不同的兴趣和需求，比如组织阅读小组、科学实验小组、艺术创作小组等，学生可以根据自己的兴趣选择参加。

提供合作学习机会。学习小组为学生提供了合作学习的机会，学生们可以在小组中互相学习和交流，分享自己的知识和经验，互相帮助和支持。学习小组可以设计探究性学习任务，让学生通过合作研究、实地考察和实践活动等方式，主动探索和学习。

提供资源支持。为学习小组提供必要的学习资源，包括图书、实验器材、艺术材料等。这样可以帮助学生更好地开展学习活动，满足学生的学习需求，促进他们的学习主动性和探索精神。

鼓励学生展示成果。组织展示活动，让学生向其他同学、教师和家长展示他们的学习成果。这样可以增强学生的自信心和成就感。展示成果的过程也是学生学习过程中的一种反思和总结，能够增加他们的学习深度和广度。

学习小组的学生应该得到及时的反馈和奖励。可以通过表扬、颁发奖状、颁发奖品等方式，认可他们的学习成果，鼓励他们继续努力。正面的反馈和奖励能够增强学生的自信心和学习动力，使他们更加主动地参与学习。

学习小组的形式能够满足学生的个性化需求，培养他们的合作精神和探索精神，提高他们的学习动力和积极性。

（四）培养良好的师生关系：建立良好的师生关系，让学生感受到教师的关心和支持，这可以增强学生对学习的兴趣，提升学习动力。

教师需要主动与学生建立信任与亲近的关系，通过定期深度沟通，如课堂问答、课后谈心或学习日志等方式，了解学生的兴趣与需求，及时提供个性化支持。在此基础上，教师还应当注意尊重学生的人格和思想，融入倾听式的互动，例如设立匿名意见箱、开展主题班会等，以开放的态度接纳学生的表达，传递"被重视"的信任感。

在课堂实践中，教师可通过多样化的互动形式激发学生主动性，例如组织小组合作、角色扮演或辩论赛等活动，营造平等交流氛围，并结合即时反馈强化参与动力，如用"你的观点很有创意"等语言激励学生，或展示优秀作业、设立"进步之星"奖项等。

针对学生个体差异，教师应提供个性化学习支持：根据学生的能力水平设计分层任务，基础任务侧重知识梳理，拓展任务引导主题调研，挑战任务鼓励创意项目，并动态调整策略，例如对内向的学生采用书面反馈，对有焦虑情绪的学生增加心理疏导，灵活匹配学生学习节奏。

此外，教师需重视积极反馈机制的作用：在课堂问答、作业批改中及时表扬学生的努力结果，如"今天讨论时你的逻辑很清晰"等，避免笼统评价；同时建立"成长档案袋"，定期汇总学生的思维导图、学习成果等进步案例，通过可视化反馈增强学生自信心与学习内驱力。

二、提高学生的自我管理能力，培养学习内驱力

自我管理能力是学生有效组织和管理学习时间、任务和资源的能力。通过提高目标设定和计划能力、时间管理能力、自我监控和调整能力以及自我激励和奖励能力，学生能够提高学习效率和学习成果质量，增强学习动力和自主学习能力。学生的自我管理能力是实现学习内驱力的关键因素之一，教育者应该注重培养学生的自我管理能力，以促进学生学习内驱力的发展。

目标设定和计划能力。学生通过自我管理能力能够设定明确的学习目标，并制订合理的计划来实现这些目标。目标设定和计划能力使学生能够更好地理解自己的学习需求和优先级，从而激发内在的学习动机。学生能够将学习目标分

解为具体的任务和时间节点，并制订相应的计划。这种能力使学生能够更好地组织和管理学习时间，避免拖延和浪费时间，提高学习效率。

时间管理能力。自我管理能力使学生能够合理安排学习时间，有效利用时间资源。学生能够制订学习计划并坚持执行，避免时间的浪费。学生能够识别学习任务的紧急性和重要性，合理分配时间和精力。时间管理能力可以提高学生的学习效率，扩大学习成果，减少学习压力，增强学习动力。

自我监控和调整能力。学生通过自我管理能力能够对自己的学习过程进行监控和评估，及时发现和纠正学习中的问题和困难。学生能够自主地调整学习策略和方法，提高学习效果。自我监控和调整能力使学生能够更好地理解自己的学习需求和进展，从而调整学习计划和方法。这种能力可以增强学生的学习动力和自主学习能力，促进学习内驱力的发展。

自我激励和奖励能力。学生通过自我管理能力能够设定适当的奖励机制，激励自己在学习中取得好成绩。学生能够自主地设定小目标，并在实现这些目标后给予自己适当的奖励，增强学习的乐趣和动力。自我激励和奖励能力可以培养学生的自律性和毅力，进一步提高学习内驱力。学生能够通过奖励机制来增强学习的积极性和投入度，提高学习效果。

通过教育和指导，学生可以逐步培养和提升自我管理能力，从而更好地实现学习目标，提高学习成绩，增强学习体验。

三、营造良好的学习环境，培养学习内驱力

教师和家长应该为学生营造一个良好的学习环境，包括安静的学习空间、积极向上的学习氛围等，让学生更好地专注于学习。

（一）家庭支持是指家长在学生学习过程中提供的各种支持和鼓励，这对于学生学习内驱力的培养和提高起着至关重要的作用。

为学生提供学习资源。家长可以为孩子提供适合的学习材料、参考书籍、学习工具等，帮助他们更好地学习，满足学生的学习需求，激发他们的学习兴趣和动力。

帮助学生进行时间管理和学习规划。家长可以与孩子一起制订学习计划，帮助他们合理安排学习时间，避免拖延和浪费时间，帮助学生养成良好的学习习惯和自律能力，提高他们的学习效率和内驱力。

在情感上给予支持和鼓励。家长可以给予孩子积极的情感反馈，鼓励他们在学习中取得进步和成绩。这种情感上的支持可以增强学生的自信心和学习动力，使他们更加积极主动地投入学习。

帮助学生建立良好的学习态度和价值观。家长可以关注和参与孩子的学习，可以与孩子一起讨论学习内容，为孩子解答问题，提供帮助和指导。这种参与可以增强学生的学

习动力和内驱力，让他们感受到学习的重要性和价值。家长可以传递积极的学习观念和价值观，培养学生对学习的重视和热爱，激发学生的学习内驱力，使他们更加主动地追求知识，逐步成长。

营造良好的学习氛围。良好的学习氛围对于提高学生的学习内驱力至关重要。家长可以为孩子提供一个专门的学习空间，通过创造一个安静、整洁、有序的学习环境，为孩子营造良好的学习氛围。在这样的环境中，学生可以更好地集中注意力，减少干扰，提高学习效果。

（二）良好的家校沟通是帮助学生建立自信心的关键因素之一，对于学生的学习内驱力具有重要的影响。

家校沟通有助于学生获得家长和教师的共同关注。学生在得到家庭和学校的双重支持时，更容易被唤醒其内在动力来实现学习目标。家长和教师应帮助学生建立自信心，增强他们的学习内驱力。

家校沟通有助于家长和教师共同参与学生学习目标的制订，帮助学生获取资源和机会。通过家校沟通，家长和教师可以深入地了解学生的兴趣和能力，确保制订与孩子相匹配的学习目标。在此过程中，学生将会感受到来自家庭和学校的支持，更容易被激发学习兴趣和内驱力。同时，家长和教师可以共同探讨学生的学习需求，并提供相应的资源和机会。这些资源和机会可以是学习材料、实践活动、专项能力辅导等。

家校沟通有助于促进学习环境的一致性。当家长和教师之间保持良好的沟通，学生在两个环境中得到一致的支持和期望时，会更容易保持学习的动力和内驱力。

良好的家校沟通对于提高学生的学习内驱力具有重要的影响。通过支持和鼓励、共同制订目标、提供资源和机会、促进学习环境的一致性等方式，家校沟通可以帮助学生建立自信心、设定目标，并能让学生在学习中遇到困难时得到支持，培养他们解决问题的能力。因此，我们应重视家校沟通，并积极推动家校合作，以提高学生的学习内驱力。

第三节　帮助学生掌握学习方法

小学生培养学习方法的重要性不言而喻。在学习的过程中，有效的学习方法不仅能提高学习效率，更能增强学生的学习能力和综合素质。

培养学习方法有助于学生更好地掌握知识。学习方法的运用并不仅仅是为了提高学习效率，更重要的是让学生掌握学习的技巧和策略，使他们能够更加高效地理解和记忆知识。这样，学生在学习的过程中不仅能够更好地掌握课本知识，还能够培养出自主学习的能力，为将来的学习打下坚实的基础。

良好的学习方法有助于培养学生的思维能力。学习方法和思维能力是相辅相成的。通过有效的学习方法，学生可以锻炼自己的思维能力，提高分析、判断和解决问题的能力。这对于学生的全面发展和未来的成长具有重要意义。

学习方法的培养有助于提高学生的自我管理能力。学习方法的养成需要学生具备一定的自我管理能力。学生在学习过程中需要学会规划时间、安排任务、调整状态等。这些自我管理能力的提高不仅有助于学生的学习，更有助于学生的日常生活和未来的工作。

一、制订学习计划是小学生应该掌握的重要学习方法

（一）为什么要制订学习计划？

制订学习计划有助于小学生明确学习目标，合理安排学习时间，提高学习效率。在学习计划的制订过程中，学生需要明确自己要学习的内容、学习的时间、学习的地点以及学习的方式等。这有助于学生更好地掌控自己的学习进度，避免学习的盲目性和无计划性。

在制订学习计划时，学生可以根据自己的实际情况和学习需求，制订出适合自己的学习计划。例如，可以根据学科

的重要程度、难易程度、自己的兴趣爱好等因素，合理分配学习时间，确保重点学科得到足够的关注和时间投入。同时，学生也可以根据自己的作息时间、学习习惯等因素，选择合适的学习时间和地点，以提高学习效果。

制订学习计划也有助于培养学生的自主学习能力和自我管理能力。通过制订学习计划，学生需要思考如何安排时间、如何组织学习内容、如何解决学习中遇到的问题等。这有助于培养学生的独立思考能力和解决问题的能力，同时也可以提高学生的自我管理能力，帮助学生更好地掌控自己的学习和生活。

总之，制订学习计划是小学生应该掌握的一种重要学习方法。通过制订学习计划，学生可以更好地规划自己的学习，提高学习效率，培养自主学习能力和自我管理能力，为未来的学习和生活打下坚实的基础。

（二）如何制订学习计划？

制订计划前的准备。在制订学习计划之前，教师或家长要先帮助学生了解自己的学习情况、时间安排和目标。可以回顾一下最近的学习情况，找出学生的弱点和需要提高的方面。同时，也要考虑时间安排，比如每天放学后、周末和假期的时间。最后，确定学习目标，比如提高某一科目的成绩、掌握某项技能等。

制订具体的计划。在学生了解自己的学习情况、时间安排和目标之后，就可以开始制订具体的学习计划了。首先，确定每天的学习时间，比如放学后 1 小时、周末两天每天 3 小时等。然后，根据学习目标制订具体的学习任务，比如每天背诵 10 个单词、做 2 篇阅读理解、复习 1 个单元的知识点等。同时，也要考虑每天的学习内容和进度，保证计划的可行性和持续性。

调整计划并保持良好的习惯。在制订好学习计划之后，需要保持一定的灵活性和适应性，及时调整计划以适应实际情况。同时，也要养成良好的学习习惯，比如定时复习、认真完成作业、避免拖延等。此外，还要注意保持良好的心态和情绪，避免因为学习压力过大而影响学习效果。

（三）小学生落实和执行学习计划的几个关键方面

明确目标。目标设定是学习计划的核心。对于小学生而言，目标是他们学习旅程的指引灯塔。明确、具体的学习目标不仅能激发学生的学习动力，还能帮助他们更有针对性地学习。例如，如果数学的学科目标是提高计算速度，那么计划中应明确提到每天进行一定数量的速算练习。这个过程需要家长或教师的有效引导，确定合理的学习目标。

计划的可行性评估。计划的可行性直接关系到其是否能被有效地执行。小学生由于年龄较小，自我管理能力有限，因此计划的制订需要考虑到他们的实际能力和时间安排。过高的目标或过多的任务可能会使学生产生挫败感，进而放弃整个计划。因此就需要家长或教师进行有效评估，给出合理建议，帮助孩子从中获得成长。

坚持执行。任何计划的成功都离不开坚持。小学生由于其身心发展特点，容易受到外界干扰和诱惑，导致学习计划无法持续执行。为此，家长和教师需要给予学生足够的鼓励和支持，帮助他们克服困难，培养他们的毅力和恒心。

及时调整。学习计划不是一成不变的。随着时间的推移，学生的学习状况、兴趣和需求都会发生变化。因此，家长和教师需要定期与学生沟通，了解计划的执行情况，及时发现并解决遇到的问题。同时，根据实际情况对计划进行适时的调整，使其始终与学生的学习需求保持一致。

培养好习惯。学习计划不仅是为了完成某一阶段的学习任务，更是为了培养学生良好的学习习惯和方法。例如，通过制订阅读计划，学生可以逐渐养成每日阅读的习惯；通过制订复习计划，学生可以学会如何有效地巩固所学知识。这些习惯和方法将伴随他们的一生，成为他们不断学习和成长的重要基石。

劳逸结合，合理安排休息时间。休息是学习的重要组成部分。长时间的学习会导致大脑疲劳，学习效率降低。因此，学习计划中应包括适当的休息时间。这不仅可以让学生的大脑得到充分的休息，还可以提高他们的学习效率和质量。例如，可以在学习计划中安排每天的学习时间和休息时间，让学生在学习之余也有足够的时间进行放松和娱乐。

家长和教师的引导与监督。家长和教师在学生的学习过程中扮演着重要的角色，他们需要给予学生足够的支持和监督，帮助学生制订科学合理的学习计划，并监督学生的执行情况。同时，家长还需要与学生保持良好的沟通，了解他们的学习状况和需求，及时给予帮助和支持。在家长和教师的引导和监督下，学生能够更好地落实和执行学习计划，提高学习效率和质量。

二、做好笔记是小学生应该掌握的重要学习方法

（一）为什么要做笔记？

从教育的角度来看，让小学生养成做笔记的习惯有多方面的好处。

首先，做笔记可以帮助小学生巩固记忆，提高学习效果。在学习过程中，学生通过做笔记可以加深对知识点的印象，从而更好地掌握学习内容。同时，做笔记也可以帮助学生更好地组织思维，将复杂的知识点进行分解和归纳，使其更加易于理解和记忆。

其次，做笔记有助于提高小学生的自主学习能力。通过自己动手整理笔记，学生可以更好地掌控学习进度，更好地理解学习内容，从而更好地掌握知识。这也有助于培养学生的自主学习能力，为将来的学习打下坚实的基础。

此外，做笔记还有助于提高小学生的思维能力。在整理

笔记的过程中，学生需要分析、归纳和总结信息，这有助于培养他们的思维能力。同时，做笔记也可以帮助学生更好地梳理知识点之间的联系和逻辑关系，提高他们的逻辑思维能力。

最后，做笔记还有助于提高小学生的阅读理解能力。在做笔记的过程中，学生需要快速阅读并理解文章或课本中的内容，这有助于提高他们的阅读速度和理解能力。同时，通过整理笔记，学生也可以更好地掌握文章或课本的结构和要点，加深对整体内容的理解。

因此，让小学生养成做笔记的习惯是非常重要的。这不仅有助于提高他们的学习成绩和学习效果，也有助于培养他们的思维能力和自主学习能力，为将来的学习打下坚实的基础。因此，教师应该鼓励小学生养成做笔记的好习惯，并给予他们适当的指导和帮助。

（二）小学生如何做好笔记？

对于小学生来说，刚开始学习做笔记可能会觉得有些困难。因此，家长和教师可以引导学生采用简单、明了的方法来记笔记，将重点内容简明扼要地记录下来。同时，也要鼓励学生在笔记中加入自己的思考和疑问，以加深对知识点的理解。

一是选择适合的笔记方式。

笔记方式的选择对小学生的笔记效果和学习效率具有

重要的影响。选择合适的笔记方式能够使学生对所学内容进行有效的整理和归纳，加深对知识的理解和记忆，提高学习效果。

选择适合自己的笔记方式能够提高学生的笔记效率。不同的学生有不同的学习习惯和喜好，有的喜欢用纸质笔记本，有的则更倾向于使用电子设备。对于喜欢使用纸质笔记本的学生，可以选择适合自己的笔记本和笔，以保证笔记清晰、整洁。而对于喜欢使用电子设备的学生，可以选择相应的笔记软件以方便整理和查找。

根据学科特点选择笔记方式能够使学生对知识进行系统化的整理。例如，数学学科可以采用图表形式进行整理，将知识点之间的关系清晰地呈现出来，便于理解和记忆；语文学科则可以采用关键词或要点式笔记，将文章中的重点内容进行提炼和总结。这种有针对性的笔记方式能够使学生对知识进行深入的剖析和归纳，提高学习效果。

选择合适的笔记方式也能够培养学生的自主学习能力。通过选择适合自己的笔记方式，学生能够更好地规划自己的学习时间和进度，提高学习效率和质量。同时，笔记方式的多样化也能够激发学生的创造力和想象力，培养他们的自主学习和创新能力。

二是整理归纳笔记是学习过程中必不可少的一环。

教师或家长可以引导学生在课后及时整理笔记，将知识点归类、总结，形成完整的知识体系。同时，也要鼓励学生对笔记进行定期复习，以巩固记忆。例如，学生在学习完一个单元后，可以将本单元的笔记进行整理，将相关的知识点串联起来，形成一个完整的知识网络。同时，还可以将易错题、重点题集中在一起，进行有针对性的复习。

三是学以致用，记笔记的最终目的是应用。家长可以引导小学生将所学知识应用到实际生活中，让他们感受到知识的实用价值。同时，也要鼓励学生多思考、多质疑，培养他们的创新思维和解决问题的能力。例如，学生在学习了植物的生长过程后，可以在家里种植一株植物，观察并记录它的生长过程。这样不仅可以将所学知识应用到实践中，还可以培养学生的观察力和耐心。

因此，学生做好笔记的关键在于掌握正确的方法、养成良好的习惯，并将所学知识应用到实际生活中。通过不断地实践和积累，学生一定能够掌握做好笔记的技巧，为未来的学习打下坚实的基础。

（三）小学生做笔记需要注意的几个问题

一是做笔记要抓住重点。在学生做笔记的过程中，抓住重点是一项重要的技能。这不仅能帮助他们更有效地记录信息，还能提高他们理解和记忆知识的能力。

抓住重点有助于小学生过滤掉无关的信息，使笔记更加精炼和有效。学生在课堂上听讲时，会接收到大量的信息，其中很多可能并不是重点。通过训练，他们应学会区分哪些信息是重要的、核心的，哪些是可以忽略的。这样，他们可以更加集中精力理解和记忆真正重要的内容。

抓住重点有助于小学生提高归纳和总结的能力。当他们学会识别并记录关键点时，实际上也同时训练了自己的信息筛选和组织能力。这种能力在未来的学习和工作中都非常重要，能帮助他们快速地总结和归纳大量的信息，从而提高学习和工作效率。

抓住重点还有助于小学生培养批判性思维。在识别和记录重点的过程中，他们需要学会分析信息的重要性，并对信息进行判断和选择。这种思维方式不仅有助于学习，也有助于他们在日常生活中更好地甄别信息和处理问题。

抓住重点也能使小学生的学习更加个性化。每个人都有自己的学习方式和理解方式，重点的识别和记录可以更好地反映他们的个人特点和需求。这样，笔记不仅成为了学习的工具，也成为了解自己的途径。

二是笔记页面要保持整洁。整洁的笔记在学生的学习生涯中扮演着非常重要的角色。整洁的笔记不仅能帮助学生更好地理解和记忆知识，还能提高他们的学习效率，培养良好的学习习惯和审美观。

保持笔记整洁有助于小学生更好地理解和记忆知识。杂乱无章的笔记往往会使学生对所记内容产生困惑和混淆，难以快速找到需要的信息。而整洁的笔记则能够清晰地呈现知识结构和重点，使学生对所学内容有更深刻的理解和记忆。

保持笔记整洁有助于提高小学生的学习效率。整洁的笔记能够减少不必要的查找和重复记录的时间，使学生的学习更加高效。同时，整洁的笔记也能够激发学生的学习动力和自信心，使他们更加愿意主动地学习和探索。

保持笔记整洁有助于培养小学生良好的学习习惯和审美观。整洁的笔记体现了学生认真、细致的态度和追求完美的精神，这种态度和精神不仅在学习中非常重要，在日常生活中也同样重要。同时，整洁的笔记也能够使学生更好地欣赏和感受美，提高他们的审美能力和生活品质。

保持笔记整洁还有助于培养小学生的责任感和自我管理能力。保持笔记整洁需要学生付出一定的努力和耐心，这不仅能够锻炼他们的意志力和自我控制能力，还能够培养他们的责任感和自我管理能力，对他们的成长和发展都有积极的影响。

三是做完笔记要及时复习。及时复习对于小学生巩固记忆、提高学习效果具有至关重要的意义。通过及时复习笔记，学生能够加强记忆，加深对知识点的理解，从而提高学习效果。

及时复习有助于巩固小学生的记忆。记忆是学习的基础，而记忆的巩固需要不断复习和强化。通过及时复习笔记，学生可以反复接触和回忆知识点，强化记忆的痕迹，使记忆更加牢固。

及时复习有助于加深小学生对知识点的理解。在学习的过程中，学生可能会遇到一些难以理解的知识点。通过及时复习笔记，他们可以再次审视这些知识点，深入思考，从而加深对知识点的掌握和理解。

及时复习有助于提高小学生的学习效率。学习新知识需要花费一定的时间和精力，而及时复习可以加强记忆和理解，使学生在后续的学习中更加高效。同时，及时复习还可以减少遗忘和重复学习的成本，使学习效率更高。

及时复习还有助于培养小学生的自主学习能力。自主学习能力是未来学习和工作需要具备的关键能力之一。通过及时复习，学生可以更好地规划和管理自己的学习时间和进度，形成良好的学习习惯和自主学习能力。

四是做笔记要避免机械抄写。在小学生做笔记的过程中，避免机械抄写是非常重要的。机械抄写不仅无法帮助学生真正理解和记忆知识，还会浪费他们的时间和精力。

机械抄写无法加深小学生对知识点的理解。单纯的抄写只是机械地重复知识点，而没有对内容进行深入的思考和消化。这样，学生对知识点的理解只停留在表面，无法真正掌握和运用所学内容。

机械抄写容易使小学生产生厌学情绪。重复、单调的抄写任务会让学生觉得学习枯燥无味，对学习失去兴趣。当学生感到学习无趣时，他们的学习效果自然会受到影响。

机械抄写还会限制小学生的思维和创造力。当他们只是机械地抄写时，没有机会对知识点进行思考、质疑和创新。

这样，学生的思维能力和创造力无法得到充分的发展，学习效果也会大打折扣。

三、提问和思考是小学生应该掌握的重要学习方法

（一）提问和思考作为一种学习方法，对培养小学生的自主学习能力具有重要意义。

提问是自主学习的起点。小学生在学习过程中，通过提问可以激发好奇心和求知欲，从而产生自主学习的动力。他们可以针对课本中的内容、教师的讲解或日常生活中的现象提出问题，然后尝试通过思考或他人的协助来寻找答案。这种发现问题、解决问题的过程，能够促使学生主动地探索知识，从而培养他们的自主学习能力。

思考是自主学习的核心。小学生通过思考来解决问题，能够更好地理解和吸收知识。他们可以尝试从不同的角度来分析问题，并寻找解决问题的方法，这有助于培养他们的创新思维和解决问题的能力。同时，通过思考，学生可以发现自己的兴趣和优势，从而在未来的学习和生活中更好地发挥潜力。

提问和思考相互关联，是培养自主学习能力的重要因素。小学生通过提问引发思考，再通过思考提出更深层次的问题，能够形成一种良性的学习循环。在这个过程中，他们不仅能够获取知识，更重要的是能够培养思维能力和创新能

力，为未来的学习和生活打下坚实的基础。

一是提问和思考能够激发小学生的学习兴趣。

通过提问和思考，小学生能够主动参与学习过程。他们不再是被动地接受知识，而是通过思考和探索，积极主动地参与学习。这种主动性能够激发他们的学习兴趣，使他们更加愿意投入时间和精力去学习。

提问和思考能够激发小学生的好奇心。当他们遇到问题时，会产生一种寻找答案的欲望。这种好奇心能够促使他们主动思考、主动学习，从而增加对学习内容的兴趣。

提问和思考能够培养小学生的自主学习能力。当他们能够通过提问和思考寻找问题的答案时，会感受到自主学习的成就感和动力。这种自主学习的动力能够激发他们对学习的兴趣，使他们更加主动地探索和学习新知识。

通过提问和思考，小学生能够发现学习的乐趣。当他们通过思考和探索解决问题时，会感受到一种成就感和满足感。这种富有乐趣的体验能够激发他们对学习的兴趣，使他们更加愿意主动参与学习，享受学习的过程。

通过提问和思考，能激励、提升小学生解决问题的主动性。当学生们不仅仅是被动地接受问题和答案，而是通过思考和探索寻找解决问题的方法时，就能逐步培养、提升学生解决问题的能力。

二是提问和思考能够培养小学生的批判性思维能力。

通过提问和思考，小学生能够培养质疑和分析问题的能力。学生将学会不盲目接受信息，而是主动思考信息的来源、真实性和可靠性。这种质疑和分析的能力能够培养他们的批判性思维，从而使他们在以后的学习和生活中不会轻易被误导。

提问和思考能够培养小学生的评估和判断能力。学生将学会评估不同观点和解决方案的优劣，从而做出合理的判断。这种评估和判断的能力能够培养他们的批判性思维，使他们能够更加理性地思考问题，做出明智的决策。

提问和思考能够培养小学生的分析和推理能力。学生将学会分析问题的因果关系，进行合理的推理和论证。这种分析和推理的能力能够帮助他们在解决问题时更加准确地分析问题和提出解决方案。

提问和思考能够培养小学生的多元思考和创新能力。学生将学会从不同角度思考问题，寻找不同的解决方案。这种多元思考和创新的能力能够培养他们的发散思维，使他们能够更加灵活地应对各种问题和挑战。

提问和思考能够培养小学生的逻辑思维和论证能力。学生将学会分析问题的因果关系，并进行合理的推理和论证。这种逻辑思维和论证能力能够培养他们的归纳性思维，使他们能够更加准确地分析问题和提出解决方案。

提问和思考能够培养小学生的创造性思维能力。学生将学会从不同角度思考问题，寻找创新的解决方案。这种创造性思维能够培养他们解决问题的能力，使他们能够更加灵活地应对各种问题和挑战。

三是提问和思考能够帮助小学生深化对知识的理解和记忆。

提问和思考会激发小学生思考和探索知识。他们不仅仅是被动地接受知识，而是通过思考和探索，积极地构建自己的理解。这种主动性能够帮助他们深入理解知识，而不仅仅将所学停留在表面的记忆。

提问和思考能够帮助小学生将新学习的知识与已有的知识进行连接。他们会思考如何将新知识与已有的知识进行关联，从而加深对知识的理解。这种连接能力能够帮助他们将知识整合成一个有机的体系，而不是孤立的记忆。

通过提问和思考，鼓励小学生深入思考问题。他们会思考问题产生的原因、背后的逻辑和可能的解决方案。这种深入思考问题的能力能够帮助他们更好地理解问题的本质和复杂性，从而加深对知识的理解。

通过提问和思考，小学生能够主动解决困惑。当他们遇到难题或疑惑时，会通过提问和思考找到解决问题的方法。这种主动解决困惑的能力能够帮助他们更好地理解知识，加深记忆。

通过提问和思考，小学生能够反思和总结学习过程。他们会思考自己的学习方法和策略是否有效，以及如何改进。这种反思和总结的能力能够帮助他们更好地巩固和记忆所学知识。

因此，家长和教师应该鼓励小学生多问问题，培养他们的好奇心和质疑精神；提供开放性的问题，激发他们的思考能力；引导他们从多个角度来分析问题，培养他们的创新思维和解决问题的能力。通过这样的引导和帮助，小学生可以更好地掌握提问和思考这一学习方法，从而培养自己的自主学习能力。

（二）教师应该如何面对学生的提问和思考？

作为教师，面对学生的提问和思考是日常教学中不可避免的一部分。教师如何处理学生的提问和思考，不仅关系到学生的学习效果，也影响着学生的积极性、创造性和学习态度。

一是鼓励和激发。通过鼓励和激发，教师可以帮助学生克服害羞、紧张等情绪，激发他们的学习兴趣和积极性，培养他们的创新思维和解决问题的能力。

鼓励是激发的基础。教师应该积极鼓励学生提问，让他们感受到提问的价值和重要性。教师可以采用多种方式来鼓励学生，比如肯定、赞扬、奖励等。通过鼓励，教师可以帮助学生建立自信心，激发他们的求知欲和探索精神。

激发是鼓励的延续。在鼓励学生提问的基础上，教师需要进一步激发学生的思考和探索欲望。教师可以采用开放性问题、案例分析、小组讨论等方式，引导学生深入思考，挖掘问题的本质和背后的答案。通过激发，教师可以帮助学生培养独立思考和解决问题的能力，提高他们的学习效果和综合素质。

鼓励和激发需要教师在课堂上营造一个宽松、自由的学习环境。教师应该尊重学生的个性和差异，避免对学生的问题给予简单、直接的评价或否定。相反，教师应该以开放、多元的态度去对待学生的问题，引导他们从多个角度思考问题，培养他们的创新思维和批判性思维。

二是耐心倾听。耐心倾听是教师对学生的尊重、理解和关注。耐心倾听意味着教师需要放下自己的预设和偏见，全神贯注地倾听学生的问题、观点和疑惑，并尝试站在学生的角度去理解他们的思考和感受。

耐心倾听有助于建立良好的师生关系。当教师认真倾听学生的问题时，学生会感受到被尊重和被关注，这有助于增强学生对教师的信任感和亲近感。良好的师生关系可以创造一个和谐、积极的学习氛围，促进学生的学习和发展。

耐心倾听有助于了解学生的学习情况和思维模式。通过倾听学生的问题，教师可以更好地了解学生在学习中的困惑和困难，发现他们的优点和不足。这种了解可以帮助教师更好地指导学生的学习，方便教师为学生提供更有针对性的帮助和指导。

耐心倾听还有助于培养学生的表达能力和思考能力。当学生提出问题或观点时，教师通过耐心倾听可以给予他们充分的表达机会，鼓励他们清晰、有条理地阐述自己的想法。

教师的倾听也可以激发学生的思考和表达能力，促使他们更深入地思考和探索问题。

在耐心倾听时，教师需要注意以下三点：

保持专注和耐心。当学生提出问题时，教师需要集中注意力，避免打断或急躁。教师应该给予学生足够的时间来阐述自己的问题或观点，不要急于给出答案或判断。

避免预设和偏见。教师需要尽量保持客观和中立的立场，避免对学生的问题或观点做出预设或偏见。教师应该以开放、包容的态度去倾听学生的意见，尊重他们的思考和感受。

回应与反馈。当学生提出问题或观点时，教师需要给予积极的回应和反馈。这种反馈可以是肯定、鼓励的话语，也可以是引导、建议的行为。通过回应和反馈，教师可以帮助学生更好地理解问题，促进他们的思考和探索。

三是尊重多样性。在面对学生的提问和思考时，尊重多样性显得尤为重要。每个学生都是独特的个体，拥有不同的经历、观点和思维方式。尊重多样性意味着教师应该接纳和尊重学生的差异，鼓励他们自由表达自己的观点和疑问，从而促进学生的全面发展。

尊重多样性有助于培养学生的自信心。当学生感受到自己被接纳和尊重时，他们会更加自信地表达自己的想法和疑问。这种自信心有助于学生在未来的学习和生活中更好地应对挑战和机遇。

尊重多样性有助于培养学生的批判性思维。当学生面对不同的观点和思维方式时，他们可以学会分析、判断和评估各种信息。这种批判性思维有助于学生在未来的学习和工作中更好地应对复杂的问题和情境。

尊重多样性还有助于促进学生的互动与合作。当学生意识到每个人都有独特的价值和贡献时，他们会更加愿意倾听和尊重他人的观点和意见。这种互动与合作的精神有助于学生在未来的团队和组织中更好地发挥自己的作用。

为了更好地尊重多样性，教师在面对学生的提问和思考时可以采取以下措施：

鼓励多元观点。教师应该鼓励学生在提问和思考时提出不同的观点和疑问，并尝试从多个角度去分析和解决问题。这可以帮助学生更好地理解问题的本质和复杂性。

提供多样化的学习资源。教师应该为学生提供多样化的学习资源，包括不同领域的书籍、文章、视频等。这种多样化的学习资源可以帮助学生拓宽视野，了解不同的观点和思维方式。

倡导平等与包容。教师应该倡导平等和包容的氛围，让学生感受到每个人都是有价值和被尊重的。同时，教师也应该教育学生尊重他人的观点和意见，避免他们歧视或排斥与自己意见相左的学生。

开展合作学习。教师可以组织学生进行合作学习，让他们在小组中共同探讨问题、交流观点。这种学习方式可以促进学生的互动与合作，让他们在交流中拓宽自己的思维和视野。

四是反思与改进是教师在教学过程中不断进步和提高的关键。在面对学生的提问和思考时，反思与改进显得尤为重要。通过反思与改进，教师可以更好地理解学生的学习需求，优化自己的教学方法，提高教学质量和学生的学习效果。

反思是教师对自身教学实践的审视和思考。在应对学生的提问和思考时，教师需要反思自己的教学方式和态度，思考自己在教学中存在的问题和不足。例如，教师需要思考自己是否给予学生足够的思考空间和表达机会，是否对学生的问题进行了充分的倾听和回应，是否有效地激发了学生的思考和探索欲望等。通过反思，教师可以发现自己在教学中存在的问题和不足，为改进提供方向和动力。

改进是教师对自身教学实践的调整和完善。在反思的基础上，教师需要采取积极的措施来改进自己的教学方法和态度。例如，教师可以尝试采用新的教学方式和方法，以更好地应对学生的提问和思考。同时，教师也需要不断更新自己的知识储备和教育理念，以更好地适应学生的学习需求和发展需要。

为了更好地进行反思与改进，教师需要注意以下几点：

保持开放心态。教师需要以开放的心态去面对学生的提问和思考，勇于接受学生的反馈和建议。同时，教师也需要以开放的心态去反思自己的教学实践，勇于承认自己的不足和问题。

尝试定期反思。教师需要定期对自己的教学实践进行反思，总结经验教训，分析问题和不足。这种定期反思可以帮助教师及时发现并纠正自己的问题，从而提高教学质量和学生的学习效果。

持续学习。教师需要不断学习新的教育理念和教学方法，关注教育领域的发展动态。这种持续学习可以帮助教师更新自己的知识储备和教育理念，提高自身的教学水平，提高应对学生提问和思考的能力。

四、多媒体资源是小学生应该掌握的重要学习工具

多媒体资源如今已经成为小学生的重要学习工具。小学生处于知识吸收的黄金时期，他们的好奇心、探索欲望和学习能力都为多媒体资源的利用提供了很大的空间。

（一）多媒体可以增强学习的互动性

交互式学习工具。利用多媒体资源，如交互式电子书、动态图解等，可以让学生在学习过程中与知识进行互动。这种互动性不仅能使学生更加投入学习，同时也能让他们在实际操作中深化理解。许多在线学习资源不仅仅是单向的知识传递，还鼓励学生参与和互动。例如，一些学习平台会有讨论区、问答环节或者在线测试，这些功能都极大地提高了学生的学习参与度。

即时反馈。多媒体资源往往具备即时反馈功能。当学生回答问题或完成某个任务时，系统会即时给予反馈，这种反馈可以帮助学生更好地了解自己的学习状况，并有针对性地进行改进。

社交互动。一些多媒体学习资源允许学生在虚拟环境中进行讨论、合作，甚至可以与其他地区的学生进行交流。这种社交互动不仅可以增强学习的趣味性，同时也能培养学生的团队协作和沟通能力。

个性化学习路径。通过多媒体资源，学生可以根据自己的学习进度和理解程度选择适合自己的学习路径。现在许多在线学习平台都提供个性化学习的功能。学生可以根据自己的学习进度、掌握程度以及兴趣偏好来制订学习计划和内容，实现真正的因材施教。

视觉与听觉的结合。多媒体资源可以同时使用图像、声音、动画等多种形式呈现知识，这种视觉与听觉的结合可以帮助学生更好地记忆和理解知识。

因此，增强学习的互动性意味着将学习过程变得更加动态和个人化，且参与性更强。通过多媒体资源，学生可以在与知识的互动中深化理解，提高学习兴趣，培养多种学习能力。但同时，教师和家长也需要警惕过度依赖多媒体可能带来的问题，如对学生视力的潜在影响等。

（二）多媒体提供丰富的学习资源

互联网上拥有海量的学习资源，从小学生课本的基础知识到各种拓展内容，应有尽有。同时，学生可以接触到世界各地优秀的学习资源，不受地域限制。这种多样性为学生提供了更多的选择机会，学生可以根据自己的兴趣和需求进行深入学习。与传统的纸质教材相比，网络学习资源具有实时更新的特点。这意味着学生可以获取到最新的知识和信息，从而避免因为教材滞后而导致的学习偏差。

学习资源呈现多媒体集成形式。多媒体资源除了文本，还有图片、音频、视频等多种形式。这种多媒体集成使得学习过程更加生动、形象，有助于加深学生对知识的理解。

学习记录可以长期保存与回溯。在传统的以纸为笔记载体的学习过程中，学生需要花费很长的时间回顾和整理过去的笔记或资料。在数字时代，学生可以轻易地保存、整理和回溯之前的学习记录，方便复习和巩固。

（三）多媒体可以培养信息素养

信息获取能力是指个体能够从各种渠道中有效地获取、识别和筛选信息的能力。对于小学生来说，信息获取能力的培养不仅有助于他们在学校的学习，更能够为他们的未来生活和职业发展打下坚实的基础。

对于小学生来说，家长和教师的引导和示范作用尤为重要。家长和教师要以身作则，展示如何从不同的渠道获取和筛选信息，从而影响和引导学生培养良好的信息获取习惯。这主要表现在以下几个方面：

学会使用信息工具。学生需要了解和掌握各种信息获取的工具，如搜索引擎、图书馆资源、数字图书馆等。家长和教师可以引导他们去使用这些工具，让他们熟悉不同工具的特点和使用方法。

信息识别与筛选。在信息爆炸的时代，学生需要学会如何从大量的信息中识别出有用和真实的信息。这需要他们具备一定的批判性思维能力，能够对信息进行基本的判断和筛选。

信息组织与整理。除了获取信息，学生还需要学会如何有效地整理和归纳信息。这涉及对信息的分类、标签化和归档等，有助于他们更好地管理和利用所获取的信息。

实践与经验积累。信息获取能力的培养是一个长期的过程，需要学生不断地实践和积累经验。家长和教师可以为他们提供各种实际情境，让他们在实际操作中锻炼自己的信息获取能力。

为了激励学生更加积极地培养信息获取能力，家长和教师可以建立评价与反馈机制。通过定期评价和反馈，肯定他们的进步，指出不足之处，并提供有针对性的建议和指导。

第四节　实践：一动一静结合，激发学生活力

　　"动静结合两相宜，张弛有度更育人。"东阿县第三实验小学从满足学生需求出发，探索新时代学校发展路径，以"一动一静"理念为指导，以特色足球和师生阅读作为突破口，开设丰富多彩的兴趣课程，让学生在多样的成长体验中，提升综合素养，得到全面发展。

一、静，静以养心

　　水韵悠悠成万道清泉，浇灌自然万物；书香脉脉成一派正气，涵养学生心灵。"腹有诗书气自华，最是书香能致远"，"书香校园"是一所学校文化的体现，是学校整体风貌的展示。

　　学校切实发挥晨诵、午读作用，除学校图书馆实行三位一体的选书模式外，开放式书吧以及班级图书角也发挥着巨大作用，使整个校园都浸润在浓浓的书香氛围中，在很大程度上提升了师生们的阅读效率。

　　学校号召全体师生养成良好的阅读习惯，努力提高师生的人文素养，深化"书香校园"建设。学校围绕"人生自有

诗意，悦读点亮生活"这一主题，让全体师生通过阅读增加文化底蕴，使校园内外洋溢着浓郁的书香气息。

学校成立由校长任组长的领导小组，将创建"书香校园"活动列入校园文化建设的重要内容，制定了创建"书香校园"规划，成立师生读书活动组织，由班主任及语文任课教师具体实施，落实每周两节阅读课，有计划、有目的地引领师生开展阅读活动，在大量的阅读实践中培养师生良好的阅读习惯和兴趣。

整本阅读——走进文山书海。"只有博览群书，方能厚积而薄发"，常态化的整本阅读助推了学生们的海量阅读。阅读推荐、阅读推进、交流展示，由兴趣到方法再到获得，三种课型逐层推进，将学生的阅读引向深入，从而为学生的人生打下人文精神的底色。

经典阅读——把《中华传统文化读本》作为阅读内容，坚持每天晨读古诗词、课前5分钟演讲，通过开展古诗文经典诵读比赛、学生读书笔记展评、课文诵读比赛、讲故事比赛等活动，激发学生的读书兴趣，提高习作能力和口语表达能力。在聊城电视台举办的"我心向党·红色故事宣讲团"比赛中，秦鹏老师指导的陈鲁豫同学被选为聊城市党史教育小小红色讲解员。

（一）推进阅读活动的步骤

一是确定阅读活动目标。这是规划活动的第一步，对保证阅读活动的成功起着至关重要的作用。

明确阅读活动目的是指明确活动的目标和意义。例如，活动目的可以是提高学生的阅读兴趣，激发他们对阅读的热爱；培养学生的阅读习惯，让他们养成每天阅读的习惯；拓展学生的知识面，让他们接触更广泛的文化和知识。明确活动目的有助于指导后续的活动策划和实施，确保活动能够达到预期的效果。

阅读活动目标应与学校的教育目标相一致。学校的教育目标包括培养学生的综合素质、提高学生的学业水平、培养学生的创新能力等。在确定阅读活动目标时，需要考虑如何与学校的教育目标对接，使活动能够为学校的整体教育目标服务。

确定阅读活动目标时，需要考虑学生的需求和特点。不同年龄段的学生对阅读的需求和兴趣不同。例如，低年级学生可能更喜欢图画书，中高年级学生可能更喜欢故事类书籍，随着自然课和科技课的开展，有些学生可能更关注科普类的书籍。因此，在确定阅读活动目标时，需要根据学生的年龄、阅读水平和兴趣进行调整，以满足学生的需求和激发他们的兴趣。

可量化和可评估性。阅读活动目标应具备可量化和可评估性，这样能够更好地衡量活动的效果。例如，阅读活动目标是提高学生的阅读速度，可以通过测验或计时来评估；阅读活动目标是扩大学生的阅读量，可以通过记录学生的阅读数量来评估。通过设定可量化和可评估的目标，可以更好地了解活动的效果，并及时调整活动策略。

长期和短期目标。在确定阅读活动目标时，我们考虑设定长期和短期目标。长期目标是在一学年内提高学生的整体阅读水平，培养他们的阅读习惯；短期目标是在每个阶段内完成一本书的阅读，或者在每个月内完成一定的阅读任务。通过设定长期和短期目标，可以让学生逐步实现目标，增加他们的成就感和动力。

二是制订活动计划。这是规划活动的重要步骤，可以更好地落实阅读活动，实现阅读目标。

在确定阅读活动时间时，需要考虑学校的教学安排和学生的课业负担。学校每周开设两节阅读课，纳入课程表。确保活动时间不会与其他重要活动冲突，以便学生能够全身心地参与。在保证学生每周两节固定的阅读课的读书时间后，学校每天中午抽出 30 分钟作为学生的午读时间，让学生自由阅读。教师注重培养学生的读书能力、阅读方法，并辅以相应的拓展，使学生的阅读理解能力得到相应的提升，进而激发阅读兴趣，形成良性循环。

选择合适的阅读活动地点，提供良好的阅读环境。阅读课时，学生可以到图书馆看书，也可以在教室阅读，可以是主题式阅读，也可以是自主阅读，确保阅读有质量，有提升。除此之外，学校还在每个楼层开辟了两个读书吧，每个课间，学生都可以到读书吧读书。读书吧，成了学生最喜爱的地方。

确定阅读活动周期。学校开展了"日有所诵——叩启天赋之门""周有所诵——打通课堂内外"读书活动。古人云："一年之计在于春，一日之计在于晨。"清晨是一天中最清新畅快的时段，不似午的灼热、夜的空荡。清晨，捧上一卷书，带着空气中花瓣的气息一同咀嚼，唇齿留香。每天早读时间，东阿县第三实验小学的同学们拿起书本，开始一日晨诵，从诗词歌赋到国学经典，再到美文诵读，每一位学生都深深感受到了诵读的魅力，每一次诵读都是心灵的升华！

安排阅读活动内容。活动内容应包括学生的阅读任务、讨论活动和阅读报告等。确定每个阶段的阅读任务，要求学生在规定的时间内完成阅读，并安排讨论活动，让学生分享自己的阅读心得和感受。此外，可以要求学生撰写阅读报告，总结自己的阅读体验和收获。

确定阅读活动评估方式。活动评估是对活动效果的评估和反馈。可以通过问卷调查、学生作品展示、阅读速度测验等方式进行评估。活动评估的结果可以帮助教师了解学生的阅读情况和活动参与效果，为后续的活动改进提供参考。同时，及时给予学生反馈和鼓励，激发他们的阅读兴趣和动力。

制定阅读活动安排表。这是将活动计划具体化的重要步骤，可以将活动的时间、地点、内容、评估方式等详细记录在安排表中，以便于组织者和参与者参考和遵循。活动安排表可以帮助组织者合理安排活动的时间和资源，确保活动的顺利进行。

三是借助阅读，拓展活动。为了让学生更加深入地理解书中的内容，并通过参与活动来加深对书中情节和主题的理解，我们设计了一些阅读活动的具体开展方法：

通过阅读，开展角色扮演阅读活动。学生可以选择书中的一个或多个角色，通过角色扮演来理解角色的性格、情感和行为。角色扮演可以采用小组合作或班级表演的形式进行。学生可以根据书中的描述和对角色的理解，编写对话和表演场景，展示角色的特点和情节的发展。这样的活动可以帮助学生更加深入地理解角色的内心世界，增强对故事情节的理解和记忆。

通过阅读，开展绘画活动。学生可以根据书中的描述或自己的想象，绘制与书中情节相关的插图。绘画活动可以通过个人作业或小组合作的形式进行。学生可以选择关键场景、主要人物或重要物品进行绘画，通过图像来表达对书中内容的理解和感受。这样的活动可以帮助学生更好地理解故事情节，培养他们的观察力和想象力。

通过阅读，开展写作活动。学生可以根据书中的情节或主题，写一篇短文或故事。写作活动可以通过个人作业或小组合作的形式进行。学生可以选择自己感兴趣的主题或故事情节，通过写作来表达对书中内容的理解和思考。这样的活动可以锻炼学生的写作能力，培养他们的逻辑思维和表达能力。

通过阅读，开展演讲活动。学生可以选择书中的一个主题或观点，进行演讲。演讲活动可以通过个人演讲或小组讨论的形式进行。学生可以选择自己感兴趣的主题，通过演讲来表达自己的观点或对书中内容的理解。这样的活动可以培养学生的口头表达能力，提高他们的自信心和思辨能力。

通过阅读，开展朗读比赛。学生可以选择书中的一段文字进行朗读比赛。朗读比赛可以通过个人比赛或班级比赛的形式进行。学生可以选择自己感兴趣的段落，通过朗读来展示书中的内容。这样的活动可以提高学生的朗读技巧，培养他们的语言表达和情感表达能力。学校组建了百人诵读社团，就地取材，学习黄河文化、曹植文化，吟诵《忆曹植》《爱国颂》《少年颂》等古今诗词，让学生们用语言传递真情，领略文字的韵律之美，让校园弥漫书香，润泽金色年华。2021年4月，学校在鱼山曹植墓举行的"游鱼山美景，诵国学经典"活动被聊城电视台、今日头条、齐鲁晚报·齐鲁壹点等媒体报道。

（二）开展阅读活动的收获

一是养成良好阅读习惯对小学生语言表达能力的深度影响。

扩大词汇量。阅读是扩大词汇量的有效途径。通过阅读，小学生可以接触到各种不同的词汇，包括形容词、动词、名词等。阅读可以帮助他们逐渐掌握词汇，并学会在适当的场合运用它们。例如，学生在阅读一本关于动物的书时，可能会遇到一些新的动物名称，如熊猫、犀牛、袋鼠等。通过阅读，他们可以学会这些新的词汇，并在日常生活中运用它们，丰富自己的语言表达能力。

学习正确的语法和句子结构。阅读可以帮助小学生学习正确的语法和句子结构。在阅读过程中，他们会接触到各种不同类型的句子，包括简单句、复合句、疑问句等。通过观察和分析这些句子，他们可以学会正确使用不同的句子结构，并在自己写作时运用它们。例如，学生在阅读一本故事书时，可能会遇到一些复杂的句子。通过阅读，他们可以学会如何构建这样的句子，并在自己写作时运用它们，提高自己的语言表达能力。

培养阅读理解能力。阅读可以培养小学生的阅读理解能力，这对于他们语言表达能力的提升非常重要。通过阅读不同类型的文章，他们可以学会理解和分析文章的内容，包括主题、观点、论据等。只有理解了文章的内容，才能准确地表达自己的观点和想法。例如，学生在阅读一篇关于环保的文章时，通过阅读理解文章的主题和观点，可以在自己写作时表达对环保的看法和建议。

二是养成良好阅读习惯对小学生增强想象力和创造力的深度影响。

激发想象力。阅读能够激发小学生的想象力。通过阅读各种故事和文学作品，他们可以想象自己置身于不同的情境中，与各种角色进行互动。这种想象力的激发有助于培养小学生的创造力和创新思维。例如，当学生阅读一本奇幻小说时，他们可以想象自己进入了一个神奇的世界，与魔法师、精灵等角色展开冒险。这种想象力的激发可以帮助他们培养独特的思维方式，让他们在解决问题时具备创造性思维。

培养创造力。阅读可以培养小学生的创造力。通过阅读各种文学作品，他们可以接触到不同的故事情节、人物形象和情感体验。这些元素可以激发他们的创造力，启发他们创作自己的故事、角色和情节。例如，当学生阅读一本关于友谊的故事时，他们可以从中获得启发，创作自己的友谊故事，并通过绘画、写作等方式表达出来。这种创造力的培养有助于学生发展独立思考和创新能力，为他们未来的学习和生活奠定基础。

拓宽视野。阅读可以帮助小学生拓宽视野，了解不同的文化、历史和社会现象。通过阅读各种题材的书籍，他们可以了解到不同国家的风土人情、历史事件和社会问题。这种拓宽视野的经历可以激发他们的想象力和创造力，帮助他们更好地理解和思考世界的多样性。例如，当学生阅读一本关于不同文化的书籍时，他们可以想象自己置身于不同的文化环境中，了解不同文化的特点和其中的价值观。这种拓宽视野的经历可以培养他们的跨文化理解和创造力，为他们在全球化时代的全面发展打下基础。

三是养成良好阅读习惯会增强小学生的思考能力。

提高思考问题的能力。阅读过程中，小学生会遇到各种问题，从而产生疑惑。通过思考和分析，他们可以尝试回答这些问题，理解作者的意图和观点。这样的思考过程可以培养他们主动思考问题的习惯，提高解决问题的能力。例如，当他们阅读一本科普书籍时，会遇到一些关于科学原理的问题，通过思考和研究，他们可以理解这些原理，并能够运用到实际生活中。

提高分析问题的能力。阅读要求小学生理解和分析文章的结构、内容和逻辑关系。他们需要思考作者为什么选择这样的表达方式，文章中的观点和论证是否合理等等。通过分析问题，可以培养他们辨别信息的能力，提高他们的逻辑思维和分析能力。例如，当他们阅读一篇新闻报道时，需要分析新闻的来源、真实性和立场，从而形成自己的判断和观点。

提高解决问题的能力。阅读不同类型的书籍可以让小学生接触到各种不同的问题和情境。他们可以接触到作者提出的问题，并思考如何解决这些问题。通过阅读，他们可以学会运用已有的知识和经验，提出自己的解决方案，并进行评估和调整。这样的思考和解决问题的过程可以培养他们的创新思维和解决问题的能力。例如，当他们阅读一本推理小说时，需要思考破案的线索和推理的过程，从而锻炼自己的逻辑思维和解决问题的能力。

四是养成良好阅读习惯会增加小学生的情感体验。

喜悦与快乐的情感体验。阅读有趣的故事书或幽默的漫画可以让小学生感受到故事情节或画面的趣味性，从而产生愉悦和快乐的情感。这样的情感体验可以激发他们的阅读兴趣，培养积极的情感能力。例如，当学生阅读到一段有趣的故事情节或者看到一篇搞笑的漫画时，他们会感到开心和快乐，这种积极的情感体验会让他们对阅读产生更大的兴趣，愿意主动去阅读更多的书籍。

悲伤与同情的情感体验。阅读悲剧故事或描述困境的书籍可以让小学生感受到故事中人物的悲伤和困苦，从而产生同情和情感的共鸣。这样的情感体验可以培养他们的同理心和关怀他人的能力，提高情商。例如，当学生阅读到一个悲伤的故事情节或者看到一本描述困境的书籍时，他们会感到悲伤和同情，这种情感体验可以让他们更好地理解他人的感受，培养同理心和关怀他人的能力。

愤怒与不满的情感体验。阅读揭示社会不公或不道德行为的书籍可以让小学生感受到对不公正和不道德的愤怒和不满，从而激发他们对社会问题的关注和思考。这样的情感体验可以培养学生的社会责任感和正义感，促进他们积极参与社会公德建设的意识和行动。例如，当学生阅读到一段揭示社会不公的故事情节时，他们会感到愤怒和不满，这种情感体验可以激发他们对社会问题的关注，培养社会责任感和正义感。

爱与友情的情感体验。阅读关于家庭和友谊的书籍可以让小学生感受到人与人之间的真挚情感，从而产生对爱和友情的理解和渴望。这样的情感体验可以培养他们的人际交往能力和情感表达能力，促进他们与他人建立良好的关系。例如，当学生阅读到一个关于友谊的故事时，他们会产生对友情的渴望。这种渴望会促使他们更加积极地与他人交往，努力培养和维护友谊，对建立和维护人际关系有积极作用。

二、动，动以健身

动以健身，静以养心。学校持续打造动静结合、张弛有度的魅力校园，打造特色教育品牌，让学校在特色中发展，在发展中均衡。

"动"主要体现在，自学校获评"全国青少年校园足球特色学校"以来，持续发力、屡创佳绩，并成功获评聊城市第一批"体育示范校"，将足球特色转化为推动体育育人的核心动能。足球文化成为学校特色发展中的一大亮点，锻炼了学生身体，磨炼了学生意志，丰富了校园生活。以足球带动体育，以体育带动整个学校艺体的发展，必然能让学生们拥有更加健康的体魄。

2023 年 4 月，学校在"聊城市第一届学生（青少年）运动会暨全市中小学生体育联赛足球比赛"中荣获季军。这是学校实施"一动一静"发展理念的成果之一。

学校以此次在聊城市足球比赛中取得的成果为契机，大力推进足球进校园活动，进一步提高校园足球运动的水平和普及率，让足球精神、足球文化加快推动学校各项工作的开展。

（一）强化基础设施建设

为学生提供足够的资源和设施，是推动学校体育活动发展的重要环节。包括以下几个方面的内容：

一是完善足球场地建设，确保学校拥有合格的足球场地用于训练和比赛。

二是提供足球训练所需的器材和装备，如足球、训练用具等。确保这些器材的质量过硬，数量充足，以满足学生的训练需求。

三是完善训练设施，配备配套的足球训练设施，如训练场、休息室等。为学生提供专业化的训练和休息场所，提高训练效果的同时保障学生的身体健康。

四是配备教学设备，如投影仪、电视、录像设备等。这些设备可以用于教练员的讲解和示范，帮助学生更好地理解和掌握足球技术和战术。

五是完善医疗服务设施，包括急救箱、医疗室等。这些设施可以提供紧急救治和日常保健服务，确保学生在训练和比赛中的安全和健康。

通过提供足够的资源和设施，学校可以为学生提供良好的训练环境，提高他们的训练效果和竞技水平。同时，这也能够吸引更多的学生参与足球运动，推动学校体育活动的发展。

（二）安排专业教练

安排具有丰富经验和专业知识的足球教练，有效地指导学生的训练和比赛。

提高教练的个人素质、领导能力和沟通能力，促使他们能够与学生建立良好的师生关系，并能激发学生的潜力和积极性。

提高教练的团队合作和协调能力，加强他们与其他教练、学校管理层和家长的合作，共同推动学校体育活动的发展。

（三）设立足球特长班

足球特长班面向所有对足球有兴趣和天赋的学生。学校通过选拔赛、体能测试、技术评估等方式，筛选出具备足球运动潜力的学生。

为学生安排专业化的训练和课程。学校积极贯彻落实"双减"政策，将足球运动与教育教学相融合，开设了足球运动校本课程，为足球特长班学生提供了专业化的足球训练和课程，包括技术训练、战术训练、体能训练等，以帮助学生全面提高足球技术和竞技能力。

足球特长班可以提供个性化的辅导。教练应根据学生的特点和需求，制订个性化的训练计划和指导方案，帮助学生充分发挥自己的潜力。

足球特长班的学生有机会参加足球比赛和交流活动。既有校内的比赛，也有与其他学校或俱乐部的比赛，以此帮助学生积累比赛经验，提高竞技水平。

足球特长班注重学生的学业和足球训练的平衡发展。学校通过合理的学业安排和课程安排，确保学生能够兼顾学习和训练，避免因足球训练而影响学业。

足球特长班为学生提供职业规划和发展的指导。学校邀请职业足球运动员、教练员等专业人士进行讲座和指导，帮助学生了解足球行业的发展和就业机会。

（四）加强体育文化建设

举办足球比赛和活动。学校组织足球比赛和活动，紧紧围绕"阳光体育，快乐足球"的理念，连续开展了四届"校长杯"校园足球联赛，提升学生们的足球技术水平，让"团结协作，拼搏进取"的足球精神积淀在学生们心中。

设立体育俱乐部和社团。学校设立足球俱乐部和社团，为对足球感兴趣的学生提供了一个交流和展示的平台。俱乐部和社团可以组织训练、比赛、讲座等活动，丰富学生的足球体验和知识。

学校不但注重足球运动的发展，还组建了校园篮球队，为学生提供多元化的体育运动选择，满足学生的不同需求和兴趣。

培养体育志愿者和裁判员。培养体育志愿者和裁判员既为体育比赛和活动提供了支持和服务，也扩大了体育活动参与和体育文化宣传，不仅可以提高学生的组织能力和领导能力，还可以促进学生对体育运动的理解和体验。

弘扬体育精神和价值观。学校通过教育和宣传，弘扬体育精神和价值观，如团队合作、公平竞争、坚持不懈等，帮助学生培养良好的品格和健康的生活方式。

学校通过加强体育文化建设，营造积极向上的体育氛围，激发学生对体育运动的兴趣和热爱，进一步推动学校体育活动的发展，培养更多的体育人才。

在教师和同学们的共同努力下，学校营造出动则热情洋溢，静则书香隽永的校园文化氛围。在丰富多样的成长体验中，同学们获得了健康的体格、聪明的大脑、健全的人格。

动以健身，静以养心。对于以教书育人为主要任务的学校来说，动可使校园洋溢青春气息，静可使校园彰显安宁和谐。如此一来，动静相宜，相辅相成，让学生身心两健，内外兼修，五育并举，真正实现全面育人。学校致力于打造动静结合、张弛有度的魅力校园，"一动一静"也必将成为东阿县第三实验小学两张鲜亮的名片。

想让学生幸福快乐地成长，学校就必须有适合他们成长的肥沃土壤，只有营养供给充足了，"为了每一个，关注每

"一个"的理念才能真正得以实现。正所谓，"一书一世界，一球一精彩"，"一动一静"必能让第三实验小学每一位学生感受到学校教育的温度，并得到全面健康的发展。

第五节　立足劳动教育，实践知行合一

为全面贯彻习近平总书记关于教育的重要论述和党的教育方针，深入落实《中共中央国务院关于全面加强新时代大中小学劳动教育的意见》、教育部印发的《大中小学劳动教育指导纲要（试行）》等文件精神，东阿县鱼山镇中心小学坚持五育并举，积极探索具有学校特色的"一核两翼四融合"的劳动教育模式。

一、劳动课的意义

培养劳动意识。劳动课可以让学生明白劳动是一种光荣的行为，是社会发展的基础。通过参与劳动，学生能够体验到劳动的辛苦和重要性，从而培养对劳动的尊重和珍惜。

培养价值观。劳动是社会发展的基础，是每个人应尽的责任和义务。劳动课可以让学生了解到劳动的重要性，培养对劳动的尊重和珍惜，能够明白劳动不仅仅是为了自己，还是为社会和他人作出贡献的一种方式。

培养勤劳习惯。劳动课可以帮助学生养成勤劳的习惯。通过参与各种劳动，他们能够体验到劳动的辛苦和付出的意义，可以培养他们的勤劳精神，让他们明白只有通过努力劳动才能收获成果，取得成功。

培养自信心和自尊心。劳动课可以让学生通过劳动获得成就感，提高自己的自信心和自尊心。当完成一项劳动任务时，他们会感到自豪和满足，可以增强他们对自己的认同感和自信心。

培养动手能力。劳动课可以让学生动手实践，学习各种实用的技能，如种植、绘画、手工制作等。通过这些活动，学生能够锻炼手眼协调能力、动手能力和创造力，提高自己的实际操作能力，这对于他们未来的学习和生活都具有重要的意义。

培养团队合作精神。劳动课通常是以小组为单位进行的，学生需要与同伴一起合作完成任务。这样可以培养他们的团队合作精神，使他们学会与他人相互配合、相互支持，增强他们的集体意识和团队意识。

培养社会责任感。劳动课既可以让学生体验到为社会作贡献的快乐和满足感，又可以教会他们承担一定的责任，例如负责花草的浇水、打扫教室等。通过参与社区服务、环境保护等劳动，他们会明白自己应该为社会作出贡献，关心他人和爱护环境，并能够学会承担义务和责任，培养社会责任感和自律性。

培养独立自主能力。劳动课可以让学生学会独立思考和解决问题。在劳动中，他们需要思考如何完成任务，如何解决遇到的问题。通过这样的锻炼，能够培养他们独立自主的能力、解决问题的能力。

总之，学生参加劳动课的意义在于培养他们正确的劳动观念和价值观，提高他们的动手能力、团队合作精神、责任感和独立自主能力。这些能力对于他们未来的学习和生活都具有重要的意义。

二、劳动与知识的关系

学生需要理解劳动和知识的关系，厘清这一关系，对学生的学习和未来发展都具有非常重要的意义。

劳动是知识的实践。知识是通过劳动实践得到的。在学校里，学生通过学习各种学科知识，如语文、数学、科学等，获得了一定的理论知识。然而，只有将这些知识应用于实际生活中，才能真正理解和掌握它们。通过劳动实践，学生能够将书本上的知识转化为实际操作的能力。

劳动促进知识的深化和巩固。通过参与劳动，学生能够将学到的知识应用于实际中，进一步深化和巩固自己的知识。例如，在学习植物生长的知识后，通过参与种植花草的劳动，他们能够亲眼见到植物的生长过程，加深对植物生长知识的理解。

劳动培养解决问题的能力。劳动需要学生积极应用自己所学的知识和技能，去面对和克服各种实际问题。通过劳动，他们的知识得到巩固和应用，并能在实践中逐步学会如何独立分析问题、寻找解决方案，从而真正培养出解决问题的能力。

劳动培养创新思维。劳动时，学生会不断遇到新的问题和挑战。这要求他们不仅仅要使用现有的知识和技能，更需要打破思维定式，从多个角度去思考，寻找创新的解决方案。通过不断实践和尝试，他们能逐渐培养出创新思维，学会以全新的视角去审视问题，提出具有创意的解决方案。

总之，劳动和知识是相辅相成的，知识可以指导劳动过程，提高工作效率；通过劳动实践，可以检验知识的正确性，发掘新知识。

三、劳动教育模式的探索：一核两翼四融合

为贯彻落实《中共中央国务院关于全面加强新时代大中小学劳动教育的意见》《大中小学劳动教育指导纲要（试行）》等文件精神，东阿县鱼山镇中心小学坚持五育并举，积极探索具有学校特色的"一核两翼四融合"的劳动教育模式。

（一）一核：以"立德树人"为核心，构建劳动教育课程体系

党的十八大将"立德树人"作为教育的根本任务，劳动

教育应当紧紧围绕"立德树人"这一核心，以"培养什么人、怎样培养人、为谁培养人"这三个根本问题为出发点，紧密结合新时代经济社会发展变化，培养全面发展的人。

学校根据学生认知规律和本地特点，明确各年级劳动教育培养目标——低年级以个人生活起居为主要内容，指导学生完成个人物品整理、清洗，进行简单的家庭清扫和垃圾分类等，同时适当参与班级集体劳动，培养集体荣誉感。

中高年级以校园劳动和家庭劳动为主要内容，指导学生参与家务劳动，制作简单的家常饭菜等，每年学会一到两项生活技能，培养家庭责任感；参加校园卫生保洁，适当参加社区公益劳动，增强公共服务意识；初步体验种植、手工制作等简单的生产劳动，学会与他人合作劳动，懂得生活用品、食品来之不易，珍惜劳动成果。每个年级确定一个主题，构建起一套完整的劳动教育课程体系。

（二）两翼：校内主题教育，校外实践教育

"两翼"是指以校内主题教育为依托，以校外实践基地为基础，开设校内劳动主题教育课程和校外劳动实践课程，推动劳动教育课程落地，让学生在潜移默化中接受熏陶。

校内劳动主题教育课程引导学生树立正确的劳动观。比如，为了让厉行勤俭节约、反对铺张浪费成为自觉行动，学校开展了丰富多彩的教育活动——在主题班会上，师生们通过多种形式，对文明就餐、珍惜粮食、节约水电等内容进行深入学习，在一个个事例中体会勤俭节约的重要意义；国旗下倡议讲话、"光盘行动"黑板报与手抄报展评、废物利用手工课等一系列别具特色的主题活动，提高了学生尊重劳动、爱惜粮食、崇尚节俭的意识。

在校园内开展的具体劳动课程有：

1. 浇树劳动。亲近大自然，了解植物生长规律。

2. 环境保护劳动。学生可以参与校园环境保护的劳动，如清理校园垃圾、垃圾分类等，培养环保意识和责任感。

3. 校园维护劳动。学生可以参与校园维护的劳动，如清扫教室、操场、图书馆等，维护校园的整洁和美观。

4. 制作手工艺品。学生可以参与手工艺品的制作，如编织、剪纸、陶艺等，培养动手能力和创造力。

5. 实验室劳动。学生可以参与实验室的劳动，如进行实验操作、科学观察等，培养实验能力和科学精神。

6. 社团活动劳动。学生可以参与学校社团的劳动，如舞蹈团、合唱团进行排练时的舞台布置等，培养艺术修养和团队合作精神。

7. 校园活动策划。学生可以参与班级海报和文化宣传栏的策划和组织，培养学生的组织能力和创新思维。

这些劳动课程旨在提高学生的劳动意识、实践能力和综合素质。

校外劳动实践课程主要通过设立校外劳动实践基地，搭建丰富的劳动体验平台来进行。学生可以亲手种植、自主管理植物，课程由各班劳动教师具体安排实施。每个班级都要种植一种植物，各班学生分为若干种植小组，他们在翻地播种、除草施肥、收获成果等实践活动中，拍照留影、观察记录、改进方案，形成了浓厚的劳动教育氛围。另外，学校专门创办了农耕文化展室，让学生在参观的过程中了解农业知识，感受农民的艰辛。

在校园外开展的具体劳动课程有：

1. 参观农田。学生可以参观农田，了解农业生产的过程，亲身体验农耕劳动。

2. 参与社区环保活动。学生可以参与社区的环保活动，如垃圾分类、清理公共场所等，培养环保意识和责任感。

3. 参与文化艺术活动。学生可以参与文化艺术活动，如绘画比赛、音乐比赛等，培养艺术修养和创造力。

4. 参与体育运动。学生可以参与体育运动，如足球比赛、篮球比赛等，培养体育素养和团队合作精神。

5. 参与志愿活动。学生可以参与志愿活动，如义务植树等，培养学生的志愿服务精神和团队协作能力。

这些校外劳动课程可以通过学校与社区、公益组织、艺术机构等合作开展，旨在拓宽学生的视野、培养他们的实践能力和社会责任感。

（三）四融合：农耕文化、特色社团、学科渗透、劳动实践相互融合

"四融合"指农耕文化、特色社团、学科渗透、劳动实践相互融合，助力劳动教育课程贯穿小学阶段。

一是农耕文化融入校本课程：厚植乡土情怀与文化自信。

学校将农耕文化教育纳入特色课程建设，因地制宜挖掘农村丰富的素材、资源，引导学生了解农耕文化、热爱劳动。

小学阶段是学生成长和发展的关键时期，因此将农耕文化融入小学教学具有重要意义。农耕文化作为中华优秀传统文化的重要组成部分，具有深厚的历史底蕴和文化内涵。通过将农耕文化引入小学教学，学生们可以了解当地的文化传统和生产方式，增强对家乡的认同感和自豪感。同时，通过学习农耕文化，学生们可以更深入地理解中华优秀传统文化的内涵和精神价值，培养文化自信和爱国精神。

学校将农耕文化纳入校本课程，通过两大路径深化教育：

1. 开发地方特色课程：结合本地农耕资源（如农具、种植技艺），设计"农业种植""农事节气"等实践课程，帮助学生理解家乡农业生产方式，增强文化认同与自豪感。

2. 创新教学方法：采用实地考察（农田调研）、多媒体教学（农耕纪录片）、小组探究（农具改良方案）等方式，

激发学生学习兴趣，提升教学实效。

二是将劳动实践与学生社团活动融合：以实践促进学生多元能力发展。

结合社团活动的具体内容，引导学生进行多样化的劳动实践。如，美术社可以采集植物制作手工作品；园艺社可以组织学生种植植物；手工艺社可以教授学生制作手工制品。这些活动旨在培养学生的动手能力、劳动积极性和团队合作精神，在促进学生多元能力发展的同时，也有助于促进小学教学的多元化发展。在传统的小学教学中，教师往往更注重知识的传授和考试成绩的评定。而将劳动实践引入小学教学，可以打破这种单一的教学模式，使教学更加生动、有趣、富有创意，同时可以引导学生自主学习、自主探究，培养他们的创新思维和实践能力。

三是将农耕文化渗透在学科教学中：跨学科整合深化认知。

学校在加强校本课程建设，做到学科渗透方面进行了许多尝试和探究，兼顾多学科、多角度。

在语文教学中融入体现农耕文化的文学作品。在语文教学中，教师可以引入与农耕文化相关的文学作品，如诗歌、散文等。这些作品不仅有助于提高学生的阅读理解能力，还可以帮助学生深入了解农耕文化的内涵和精神价值。通过对文学作品的分析和解读，学生可以更好地体会农耕文化的独特魅力和深厚底蕴。

历史教学中介绍农耕技术的发展历程。在历史教学中，教师可以介绍农耕技术的发展历程，让学生了解农业生产方式的演变和进步。通过学习农耕技术的发展史，学生可以更加深入地理解农业对于人类社会发展的重要意义和贡献。同时，这也有助于培养学生的历史意识和文化素养。

地理教学中融入农业地域特色。在地理教学中，教师可以结合当地的农业地域特色，介绍不同地区的农业文化和生产方式。通过学习不同地区的农业特点和发展状况，学生可以更好地理解地理环境与农业生产之间的关系，培养地理思维和综合能力。

数学教学中融入农耕应用。通过测量土地面积、计算产量等，将数学课与农耕文化相结合。学生可以在实践中充分理解并应用所学的数学知识，解决实际问题。

四是农耕实践与评价体系：知行合一促全面发展。

1.实践体验：开展种植、收割、烹饪等农事活动，让学生亲历"春种秋收"，体会劳动价值。

2.评价创新：建立多元评价体系，通过观察记录（劳动态度）、作品展示（手工艺品）、成长档案（技能进步）等，综合评估学生劳动素养，即劳动观念、劳动能力和劳动习惯等。

"四融合"模式通过文化传承、社团联动、学科整合与劳动实践，促进学生全面发展，同时为弘扬中华优秀传统文化提供了生动载体。

未来需进一步探索农耕文化与现代教育的深度融合路径，如开发数字化农耕课程、联动社区资源共建实践基地等，为培养兼具文化底蕴与实践能力的新时代人才奠定基础。

第四章

校园建设：构建"教""学"生态

第一节　理解和建设校园文化

一、小学校园文化是什么

小学校园文化是指小学校园内所形成的一种特有的文化氛围和价值观念体系。它是学校教育的重要组成部分，涵盖了学校的教学、管理、活动等方方面面。小学校园文化是学校内部的一种共同认同和遵守的行为准则，反映了学校的办学理念、教育目标和教育方式。

小学校园文化主要体现在学校的教育教学活动、校风校纪、师生关系、校园环境等方面。学校可以通过制订科学的教学计划和教学方法，培养学生的学习兴趣和学习能力。学校注重培养学生的创新思维、合作精神和社交能力，鼓励学生积极参与各类活动，提供全面发展的机会。学校还注重培养学生的道德品质、安全意识和自我保护能力，引导学生树立正确的价值观和行为准则，营造安全、稳定的校园环境。

小学校园文化可以营造积极向上、和谐友善的学习环境，培养学生的学习兴趣和能力，促进学生全面发展。同时，小学校园文化也注重培养学生的道德品质、安全意识和社交能力，引导学生树立正确的价值观和行为准则，营造安全、稳定的校园环境。这些方面共同构成了小学独特的校园文化，对学生的成长和发展有着重要的影响。

小学校园文化主要包括学习文化、素质教育文化、德育文化、安全文化和校园活动文化等几个方面。

学习文化是小学校园文化的核心。小学是学生学习的起点，学校可以通过制订科学的教学计划和教学方法，培养学生的学习兴趣和学习能力。学校注重培养学生的基础知识和学习方法，鼓励学生积极参与课堂活动，营造积极向上的学习氛围。学习文化的表现在于学校注重培养学生的学习态度和学习习惯，提供良好的学习环境和资源，激发学生的学习潜能。

素质教育文化是小学校园文化的重要组成部分。小学校园文化注重学生的全面发展。学校可以通过开设丰富多样的课外活动和兴趣班，培养学生艺术、体育、科技等方面的兴趣和能力。素质教育文化的表现在于学校注重培养学生的创新思维、合作精神和社交能力，鼓励学生积极参与各类活动，提供全面发展的机会。

德育文化是小学校园文化的重要组成部分。小学校园文化注重培养学生的道德品质和良好的行为习惯。学校可以通过开展德育教育和校园文化建设活动，引导学生树立正确的价值观和道德观。德育文化的表现在于学校注重培养学生的礼仪意识、团队合作精神和社会责任感，鼓励学生遵守校规校纪，营造和谐有序的校园环境。

安全文化是小学校园文化的重要组成部分。小学校园文化注重保障学生的安全和健康。学校可以制定安全管理制度和应急预案，加强安全教育和安全巡查工作。安全文化的表现在于学校注重培养学生的安全意识和自我保护能力，鼓励学生遵守交通规则和安全行为准则，营造安全、稳定的学习环境。

校园活动文化是小学校园文化的重要组成部分。小学校园文化注重丰富学生的校园生活。学校可以组织各类校园活动，如文艺演出、运动会、科技展示等，给学生提供展示才艺和交流的平台。校园活动文化的表现在于学校注重培养学生的综合素质和社交能力，鼓励学生积极参与校园活动，增强学生的归属感和集体荣誉感。

二、如何建设小学校园文化

（一）明确办学理念和教育目标

明确的办学理念是指学校对于教育的核心价值观和信念的明确表达。它包括学校对于学生发展的理解、教育方法的选择、教师角色的定位等。一个明确的办学理念可以帮助学校形成独特的教育特色，提供清晰的办学方向，使教师、学生和家长都能够明确地知道学校的教育目标和期望。

明确的教育目标是指学校对于学生发展的具体目标和期望。它包括学生的知识学习、品德素养、社会责任感等方面的要求。明确的教育目标可以帮助学校制订相应的教育计划和评估体系，确保学生在各个方面得到全面的发展。

明确的办学理念和教育目标是小学校园文化建设的关键要素，对于学生的全面发展和学校的可持续发展具有重要意义。这主要表现在以下三个方面：

指导教育实践。明确的办学理念和教育目标可以为教师提供明确的指导，帮助他们制订教学计划、选择教学方法和评估学生的学习成果。教师可以根据学校的办学理念和教育目标，有针对性地开展教学活动，提高教学效果。同时，明确的办学理念和教育目标也可以帮助学校建立起一套科学有效的教育体系，提高教育质量。

塑造学校文化。明确的办学理念和教育目标可以成为学校文化的核心价值观，影响学校的行为规范和价值观念。学校可以通过明确的办学理念和教育目标，塑造积极向上、团结友爱、追求卓越的校园文化。这种文化将有助于学生形成良好的学习态度和价值观，提高学生的学习积极性和自主性。

引领家长参与。明确的办学理念和教育目标可以帮助家长更好地理解学校的教育理念和期望，增强他们对学校的信任和支持。家长可以通过了解学校的办学理念和教育目标，更好地与学校合作，共同促进学生的发展。学校可以通过与家长的积极互动，建立起良好的家校合作关系，共同关注学生的学习和成长。

（二）营造积极向上的学习氛围

营造积极向上的学习氛围是构建小学校园文化的重要因素之一，对于培养学生的学习兴趣和能力至关重要。

首先，制订科学的教学计划和教学方法。校长应该与教师团队合作，制订符合学生发展需求的教学计划，确保教学内容的科学性和针对性。同时，校长还可以鼓励教师创新教学，采用多样化的教学方法，激发学生的学习兴趣和动力。

其次，组织各类学习活动。学校可以定期举办科技展、学科竞赛等活动，为学生提供展示自己才艺和学习成果的机会。这样的活动不仅可以激发学生的学习热情，还可以培养学生的团队合作精神和竞争意识。

再次，鼓励学生参与课外学习。学校可以开设各种兴趣班和课外活动，如音乐、美术、体育、科技等方面的兴趣班，为学生提供广泛的学习机会。这样的课外学习可以培养学生的综合素质和兴趣爱好，丰富学生的学习生活。

最后，注重学生的学习评价和奖励机制。学校可以建立科学的学生评价体系，及时给予学生学习成果的肯定和奖励，激励学生持续努力。同时，校长还可以组织学生表彰活动，树立优秀学生榜样，激发其他学生的学习动力。

（三）加强德育教育

加强德育教育是构建小学校园文化的重要因素之一。德育教育的目标是培养学生的道德品质、价值观念和社会责任感。

一是开展德育教育和校园文化建设活动。学校组织各类德育教育活动，如讲座、主题班会、德育教育周等，引导学生树立正确的价值观和道德观念。这样的活动可以帮助学生认识到道德的重要性，培养学生的良好行为习惯和道德品质。

二是注重课堂教育中的德育教育。学校要求教师在教学过程中注重培养学生的道德意识和道德行为。教师可以通过讲解故事、引导讨论、角色扮演等方式，让学生了解和体验道德的内涵，培养学生的道德判断和决策能力。

三是组织社会实践活动。社会实践是德育教育的重要形式之一，可以让学生亲身参与社会实践活动，了解社会的现实情况，培养学生的社会责任感和公民意识。学校可以组织学生参观社会机构、参与社区服务活动等，让学生在实践中学会关爱他人、尊重他人，培养学生的社会交往能力和团队合作精神。

四是注重德育教育的评价和奖励机制。学校应建立科学的德育评价体系，对学生的道德行为和品质进行评价和奖励。校长可以组织德育表彰活动，将表现优秀的学生树立为榜样，激励其他学生向优秀学生学习。

通过以上加强德育教育的措施，可以培养学生的道德品质和社会责任感，有助于学生全面发展，提高学生的道德素养和社会适应能力。同时，学校还应与教师、家长和社会各界密切合作，形成共同努力的良好环境。

（四）强调素质教育

多元化的课外活动和兴趣班。根据学生的兴趣和特长，开设各种各样的课外活动和兴趣班，如音乐、舞蹈、美术、体育、科技等。这些活动可以给学生提供展示自己才艺的舞台，激发他们的学习兴趣和创造力。同时，这些活动也可以培养学生的团队合作能力、领导能力和自信心。

社会实践活动的开展。组织学生参与社会实践活动，如参观博物馆、参与社区服务、参观企业等。通过这些实践活动，学生可以亲身体验社会生活，了解社会的运作和问题，培养他们的社会责任感和公民意识。

创新教学方法的应用。鼓励教师在教学中采用创新的教学方法，如项目制学习、合作学习、探究式学习等。这些方法可以激发学生的学习兴趣和主动性，培养他们的创新思维和问题解决能力。

个性化评价和反馈。推动学校实施个性化评价和反馈机制，注重学生的个体差异和发展需求。个性化评价和反馈可以帮助学生发现自己的优势和不足，制订个性化的学习计划，促进他们的个性发展和成长。

教师专业发展的支持。素质教育不只是针对学生，教师作为引路人，也要给予专业发展支持。为教师专业发展提供支持和机会，鼓励教师参加各种培训和研讨活动，提升他们的教学水平和素质教育意识。同时，校长还可以组织教师进行交流和分享，促进教师之间的合作和共同成长。

（五）组织丰富多样的校园活动

组织丰富多样的校园活动是构建小学校园文化的重要因素之一。为学生提供展示才艺、交流互动的平台，丰富学生的校园生活，增强学生的责任心、成就感、归属感和集体荣誉感。

一是组织文艺演出。学校可以定期举办歌唱比赛、演讲比赛、朗诵比赛等活动，让学生展示自己的才艺。这样的活动不仅可以激发学生对艺术的兴趣，还可以培养学生的表演能力、团队合作精神和自信心。

二是组织运动会和体育比赛。学校可以定期举办运动会，让学生参与各类体育项目的比赛和表演。这样的活动可以促进学生的身体健康，培养学生的团队合作精神、竞争意识和体育精神。

三是组织科技展和创新竞赛。学校可以设立科技展示区域，让学生展示自己的科技创新成果和实验项目。同时，可以组织各类科技竞赛，激发学生的创新思维和科学探索能力。

四是组织各类主题活动。学校可以根据不同的主题，如环保植树周、学习雷锋周、爱国文化周等，组织相关的活动，让学生参与其中，增强他们对这些重要议题的认识和关注。

五是组织社区服务和公益活动。学校可以与社区合作，组织学生参与社区服务和公益活动，如义务劳动、志愿活动等。通过参与这些活动，可以培养学生的社会责任感和关爱他人的良好品德。

（六）建立良好的师生关系

建立良好的师生关系是构建小学校园文化中至关重要的一环。良好的师生关系可以促进学生的学习和发展，增强学生的归属感和自信心。

师生沟通与关注。鼓励教师与学生进行积极的沟通和交流，了解学生的需求和问题。教师可以定期组织师生座谈会，倾听学生的心声，及时解决学生的困难。同时，教师还可以通过个别谈话、班会等形式，关注学生的成长和发展，给予他们必要的指导和支持。

建立信任和尊重。倡导教师与学生之间建立信任和尊重的关系。教师应该尊重学生的个性和差异，给予他们充分的自主权和表达空间。同时，教师也应该树立良好的榜样，以身作则，赢得学生的尊重和信任。

鼓励合作与互助。鼓励教师和学生之间的合作与互助。教师可以组织学生参与小组活动、合作项目等，培养他们的团队合作精神和互助意识。同时，教师还可以鼓励学生相互帮助，建立友善和谐的班级氛围。

（七）营造和谐有序的校园环境

营造和谐有序的校园环境是构建小学校园文化的基础。通过营造和谐有序的校园环境，为学生提供一个安全、舒适、有序的学习和成长环境。这有助于学生全面发展，培养他们的自律能力、责任感和社会适应能力。

校风校纪建设。加强校风校纪建设，制定明确的校规校纪，引导学生遵守校规校纪。同时，组织校园文化活动，宣传校园文化，增强学生对校园规范的认同感和遵守意识。

环境整治与美化。组织校园环境整治活动，提高学生的环境意识和责任感。教师和学生可以一起参与校园环境的美化工作，如植树、清洁等，营造整洁、美丽的校园环境。

安全管理与预防。制定安全管理制度和应急预案，加强安全教育和安全巡查工作。组织安全演练和应急演练，提高学生的安全意识和自我保护能力。同时，加强校园安全设施的建设，确保学生的安全。

第二节　实践：办"规范＋特色"学校，为学生终身发展奠基

我是一名从农村基层成长起来的校长，从教20年，因为喜欢和学生们在一起，所以从未离开课堂。在我的教育教学生涯中，经历了班主任、年级主任、联校教研员、少先大队总辅导员、政教主任、校长助理、联校副校长等工作岗位。2018年1月，参加校长职级制改革校长竞选，通过学校推荐、演讲、答辩、考察等环节，成为了校长人选，2018年2月1日被调到东阿县鱼山镇联合校任校长。

因为几乎经历了学校的所有前勤岗位，所以我更了解教师们的需求，更容易走进教师内心深处，更容易从教师的角度出发，让教师们感受到真切的尊重。

担任校长的三年多时间里，我通过改善办公环境，改建教师公寓（供教师午休），取消考勤奖惩，淡化纸质备课，开展师德师风演讲及相关文体活动，重大节日送温暖，重新修订教师考核细则，鼓励教师评模晋级等举措，解决了许多涉及教职工切身利益的问题。同时，我始终坚持公开、公正、透明的原则，逐渐改变教师的工作作风，凝聚人心，增强了学校的向心力和战斗力，使学校各项工作逐步规范。在此背

景下，东阿县鱼山镇中心小学在全县各项教育工作中表现突出，连续三年被评为全县教育教学全面工作先进单位。我作为学校代表在全县教育教学工作大会上作经验分享，受到社会和教体行业的称赞。此外，学校还获得了"全国生态文明教育特色学校""聊城市文明校园""聊城市优秀少先队集体""聊城市模范职工之家"等荣誉称号。办"规范＋特色"学校，做奠基学生终身发展的教育，也成了我教书育人道路上的目标。

一、规划学校发展

我们学校地处农村，家长对孩子教育的重视程度低于全县平均水平，教师更倾向"安于现状"的教育状态。面对新时代教育千帆竞发、百舸争流的态势，我们必须要快速发展、跨越发展。由此，我们制订了学校三年发展规划和一年发展目标。

学校三年发展规划：一年规范发展，凝心聚力；两年精细发展，改革创新；三年提速发展，特色办学（市内出亮点）。

学校一年发展目标，也称"125"发展目标："1"坚持一个中心：立德树人；"2"抓住两大重点：教师成长、学生发展；"5"铺开五项工程：学校文化建设工程、教师素质提升工程、教学质量提高工程、学校课程建设工程、现代学校管理体系建设工程。

学校全体教职员工按照三年发展规划和"125"发展目标，有条不紊地推进学校的各项工作，学生良好习惯的养成、教师课堂教学的改革、优秀传统文化的传承与发展、德育教育和课程教学的融合创新等工作均有明显成效。

二、营造育人文化体系

教育是国之大计、党之大计，把生态文明教育融入育人全过程，是教育服务中华民族伟大复兴的重要使命。东阿县鱼山镇中心小学就是在这样的背景下，实施生态人文教育，积极探索绿色生态塑形、红色生态铸魂、书香生态润心、人文生态凝神的"四维一体"育人文化价值体系，实现文化引领学校发展，助力学生幸福成长。

（一）绿色生态塑形

党的十八大以来，"绿水青山就是金山银山"的理念被赋予新的时代内涵，学校始终坚持绿色生态教育，从绿色文化、绿色实践等方面，探索生态教育，让每个生命葱郁照人，擘画生态教育新蓝图。

一是用绿色文化筑牢生态教育基石。

学校加强"一廊一基地二园"绿色阵地建设，让绿色浸润校园的每一个角落，充分发挥环境的育人功能。"一廊"为生态科普知识长廊，"一基地"为校外劳动实践基地，"二园"为海棠园和月季园，这些绿色阵地的建设以及校园绿化、文化墙、文化长廊、操场等处的规划和设计，处处凸显学校绿色文化的气息。同时学校开展的环境教育、秸秆还田、世界环境日宣传、绿色研学游、垃圾分类等一系列绿色课程文化，培养了学生的绿色生态素养，深化了他们的生态保护意识，筑牢了生态教育基石。

二是用绿色实践深化生态教育内涵。

探索劳动实践新路径。本着"以劳树德、以劳增智、以劳强体、以劳育美、以劳创新"的原则，把劳动教育融入日常生活、学校生活、社会实践各环节。建设劳动"课程超市"，丰富劳动教育的内容与形式。建立劳动教育基地，组织学生开展田园体验。

开辟实践基地，学会尊重劳动。学校在鱼山镇第二中心小学的旧址设立校外劳动实践基地，将其中的四分之一开辟出来，供学生进行校外劳动实践。在学校的统一安排下，鱼山镇中心小学、鱼山镇第二中心小学的 20 个中队都分到了属于自己的一块土地。每个中队种植一种果蔬，学生们被分为若干种植小组，负责翻地、播种、浇水、除草、施肥，参加劳动实践。我们以此教育引导学生崇尚劳动、尊重劳动，懂得劳动最光荣、劳动最崇高、劳动最伟大、劳动最美丽的道理。同时，学校在校外劳动实践基地专门创建了农耕文化展室，展示传统农耕器具，让学生了解农业知识，感受农民劳动的艰辛。

快乐采摘，体验成长。2021 年夏末，在位于张坊村的东阿县鱼山镇中心小学劳动实践基地里，师生们一起种下了一大片白菜，经过一整个秋天的精心管理，终于在大雪节气到来时迎来了收获。12月3日上午，鱼山镇中心小学开展了"亲近自然，快乐采摘"劳动实践活动。本次活动以采摘白菜为主，学生们分工合作、动手实践，乐趣无穷。有的学生用铲子铲，有的用手拔，菜园内一片欢声笑语。学生们既学会了使用劳动工具，又锻炼了体能。他们纷纷感叹自己在劳动中获得了书本上学不到的知识。

白菜义卖，传递爱心。在学校紧锣密鼓地筹备下，以"爱心白菜大义卖，冬日暖心大行动"为主题的爱心义卖活动拉开序幕。各中队以班级为单位，在校园指定区域摆摊设点，划分义卖区域。各个班级的爱心店铺前人头攒动，家长和教师们积极参与到活动中来。

经过一个下午的义卖，同学们采摘的果蔬卖了约850元。钱虽然不多，但是我们想把它用在刀刃上，教育学生热爱生活、学会感恩。学校党员教师又捐赠了一笔钱，凑在一起购买了40套书、40盒马克笔和40副手套，全部捐赠给学校家庭困难、品学兼优的学生，希望他们常怀感恩之心，努力拼搏，争取以优异成绩回报社会。

传递温暖，学会感恩。学校在会议室举行了"爱心传递，温暖寒冬"捐赠仪式。捐赠仪式上，学生代表苏腾飞说："我们会怀抱一颗感恩的心、进取的心、乐观的心，珍惜优越的学习环境，用知识武装自己，向着更高的目标不懈努力，争取以优异的成绩回报社会。"

同时，学校还组织学生参加家庭日常劳动、公益服务、岗位体验等劳动实践活动，定期引导学生劳动实践，体会劳动的艰辛，感悟劳动的快乐，从而达成"以劳树德、以劳增智、以劳强体、以劳育美、以劳创新"的教育愿景。

（二）红色生态铸魂

将红色资源、红色传统、红色基因有机融入学校教育之中，是有效落实立德树人根本任务的时代要求。学校将红色教育全方位融入教育教学工作中，引导师生在知行合一中收获真正的成长。

在建设全方位育人的成长生态上，学校根据小学生的生活圈主要集中在家庭和学校的特点，逐步建立了课程育人、实践育人、环境育人、家校共育的"四位一体"成长生态。

在课程育人方面，各学科教学与思政课同向同行。学校不断推进思政课改革创新，有机融入爱国主义故事、先进典型事迹以及形势与政策要闻等鲜活素材，不断增强思政课的思想性、理论性、针对性和亲和力，挖掘各学科育人资源，统筹地方和校本课程，构建爱国主义教育和知识体系教育相统一的育人机制。在 2021 年初，学校道德与法治教师走上讲台，以"向英雄人物学习""学党史，知党恩，跟党走"为主题，向同学们进行了全面的"养心教育"。

在实践育人方面，学校把传统节日和重大历史节点作为爱国主义教育的关键契机，创造性开展一系列特色鲜明、形式多样的主题活动，引导学生近距离感悟重要节点背后的教育意义。结合红色文化，开展一系列学校独有的"秀珍在线"红色教育活动，即秀珍在线先锋岗、秀珍在线广播站、秀珍在线宣讲团、秀珍在线志愿服务队。秀珍在线宣讲团成员陈鲁豫同学被选为聊城市党史学习教育宣讲团成员。

在环境育人方面，学校高度重视红色文化对学生的涵濡浸渍，充分挖掘、创新校园文化的红色文化教育元素，下大力气营造文化浸润式的红色文化育人空间。学校不断优化校园育人环境，挖掘校史、校风、校训、校歌的红色教育功能，加强校风、教风、学风的建设，着力打造红色文化长廊，营造红色文化氛围。

在家校共育方面，红色基因教育也顺势而为融入共育生态发展，学校持续开展家庭教育主题宣传活动，搭建社会育人平台，实现爱国主义教育资源的共建共享。在家校共育工作中，教师利用自身所学家庭教育专业知识，对家长进行科学教育理念的指导，设计符合学生和家长特点的亲子实践活动，深入挖掘和宣传国家功勋模范人物、先进典型突出事迹，从而达成育人合力的效果；学校每年组织策划"游鱼山美景，颂国学经典"主题研学活动等。在新媒体背景下，学校利用美篇、微课在班级群进行推广，使之变成共享资源，惠及更多的学生和家长，探索出了家校共育的新路径。

学校将继续坚定理想信念，传承红色基因，讲好红色故事，做到教育报国守初心，立德树人担使命，努力为办好人民满意的教育、培育新时代好少年作出应有的贡献。

（三）书香生态润心

"腹有诗书气自华，最是书香能致远"，一所散发着浓厚书香气息的学校能激励人、感染人、塑造人，真正把"多读书、会读书、读整本书"落到实处，打造书香生态教育。

优化校园环境，打造书香校园。学校加强校园文化建设，用先进文化引领学校发展，营造温馨环境，厚植家国情怀。"红色教育文化长廊、办学体系文化长廊、五育并举文化长廊、鱼山传统文化长廊"四大特色校园文化的融合，为师生提供了舒适的环境，每个角落都成为师生沐浴文化、传承文明的窗口，让师生在潜移默化中受到熏陶和滋养。

引导学生阅读，浓郁书香氛围。培养学生浓厚的读书兴趣，养成良好的读书习惯，让读书成为一种习惯，让学习成为一种乐趣。

提升教师素质，引领书香之风。阅读滋养底气，思考带来灵气，实践造就名气。一支高素质的教师队伍，能带好一班人，育好一批人，成为学生学习的榜样。每学年，学校为每位教师购买书籍，共同学习先进的教育思想。为让教师分享读书成果，学校举办"教师读书论坛""优秀教师经验交流会"等活动，使广大教师在交流中进步，在讨论中升华。

精彩课堂、全新探索。学校开展形式多样的阅读课展示活动，如好书推荐课、读书报告会、赏诗课等，鼓励教师做好"三个一"：读一本好书、写一篇有质量的教学论文、上一堂高效课。

（四）人文生态凝神

学校紧紧围绕"培养什么人、怎样培养人、为谁培养人"的根本问题，坚持为党育人，为国育才，落实立德树人，以人为本，实施生态人文教育，开展"以人为本，以生为本，以师为本"的系列活动。

"以生为本"按照"自主—合作—探究"的教育理念，探索出高效的"362"课堂教学模式，即"三法六步两提升"的教学方法。"三法"指的是自主、互助、实践的学习方法；"六步"指课堂教学中"示、导、学、互、点、思"的六个环节；"两提升"指的是课堂评价和课后辅导。真正实现变满堂灌、填鸭式教育为启发式、互动式、探究式教育，推进课堂革命，让学生在课堂上学得活一点，实效大一点。

"以师为本"开展一系列关爱教师行动，注重教师身心健康。学校连续三年举办"不忘初心正师风，立德树人铸师魂"师德培训会、师德演讲暨工作经验交流会，路露露、张敏、张翠翠、李晓冉、蒋经超等近20位优秀教师，满怀爱心与责任，默默耕耘，无私奉献，为鱼山镇中心小学的师德画卷描绘了灿烂的一笔！2021年10月26日，开展了教职工长跑比赛,全校74名教师参加,教师们在比赛过程中,展示了自己的实力与风采,享受了运动带来的乐趣,更展现了奋发向上的精神风貌。2021年12月7日,鱼山镇中心小学在大雪节气,开展给教师送温暖活动,以一棵棵大白菜表达学校对教师们的关心。教师们也在内心深处感受到了集体的温暖。学校处处体现人文关怀,处处体现温馨和谐。

绿色生态塑形、红色生态铸魂、书香生态润心和人文生态凝神有机关联,共生共长,合力构成促进学校发展的生态人文教育,有力推进学校生态文明教育的创新和发展。

三、引导课程教学

课程与课堂是学校发展的核心,是提升核心竞争力的有力保障。东阿县鱼山镇联合校积极构建国家、地方、校本三位一体,基础、拓展、综合三类融合的课程体系。学校工作以教学为主,以课程改革为抓手,以课堂为主阵地,指导教师开展教学活动,努力提高教学质量,打造适合每一个学生发展的教育模式。

创新德育一体化。落实《中小学德育工作指南》,按照课程育人、文化育人、活动育人、管理育人、协同育人等不同路径,实施多元化育人。

(一)构建课程体系

充分挖掘学校教育教学资源,抓住课改契机,强化课堂主阵地的作用，促进德育、艺体、实践与课程教学的深度融合，组建德智体美劳五大团队，各团队确定自己的课题研究方向，用课题引领团队建设发展。2018年12月至今，全校省市级课题结项5项，立项10项，涵盖了德智体美劳五个领域。

以"学生核心素养"为出发点，构建全面发展的"五育并举"课程体系，构建国家课程、地方课程和校本课程的三级课程体系。国家课程开齐开全，地方课程全面推进，校本课程从德智体美劳五个方面涵盖了书法课程、创意绘画、手工课程、鼓号课程、经典诵读、演讲与口才等二十几类，供学生自主选择，激发他们的潜能和兴趣。

（二）积极开展"362生态高效课堂"教学模式的改革与尝试

创新课堂教学新范式。积极探索基于情境和问题导向的互动式、体验式教学，开展探究式、项目化、合作式学习。以落实"学生核心素养"为着力点，打造"362生态高效课堂"改革模式。

"362生态高效课堂"教学模式在教学过程中关注学生自主学习、互助交流的过程。教师走下高高的讲台，变成学生学习的伙伴，营造民主、平等、互动、合作的师生关系，充分尊重学生，调动学生参与新课改的积极性，让课堂成为生生互动、师生互动、师生拓展思维、学生人格成长的课堂。

（三）五育融合，促进学生全面发展

五育融合初显成效，东阿县鱼山镇中心小学先后被评为"全国生态文明教育特色学校""聊城市优秀少先队集体""聊城市文明校园""聊城市模范职工之家""东阿县全面工作先进单位"。2018年获全县运动会总分第一名；2019年，荣获聊城市鼓号操比赛"银号奖"；2020年获全县运动会踢毽项目团体第一名；2020年10月开展的生态文明教育、特色少先队活动分别在《环境教育》《教育家》杂志上刊出；2020年12月开展的"厉行节约，反对浪费"文明实践活动，先后被聊城电视台、山东教育电视台报道；2021年4月开展的"让红色教育之花在校园绽放"系列活动分别被《齐鲁晚报》、聊城电视台、《聊城日报》等媒体报道。

四、引领教师成长

学校部分教师满足于现状，缺乏学习主动性，现代教育理念和专业化水平欠缺。下一步，学校将继续为教师提供健康、向上的工作学习环境，帮助教师体验成功的喜悦，激发教师的内驱力，建设学习型组织，营造积极向上的舆论氛围，形成具有特色的学校文化。

我们坚持教师全员培训，以研促练，内外兼修；抓好名师带徒工程，促进青年教师成长；加强教师培训，努力提高

教师业务水平，提高教师的"五个素养"，即职业道德素养、学科专业素养、教育理论素养、文化素养、艺术素养。教育质量之根本在于教师质量，学校办学水平之根本在于教师水平。基于以上"教师发展观"，我们要求所有管理者要始终做到尊重教师，依靠教师，服务教师，成就教师。

学校抓住教育评价指挥棒，撬动学校的高质量发展。以评价改革的创新办法，构建以教书育人为导向的教师考核评价机制。积极探索并实施全面成长、个性发展、多元评价策略，开展系列评价活动，让每一名教师都能找到自己卓越的领域。

通过学校的引领，教师队伍整体素质和教学水平获得了极大的提升。学校教师中先后获评山东省优秀教师 1 人，省级优质课 3 人，聊城市优秀教师 15 人，聊城市教学能手 23 人，聊城市德育工作先进个人 4 人，市级优质课 28 人，东阿名师 4 人，东阿名校长 1 人。

五、优化内部管理

一所学校良好的办学质量和深厚的发展潜力，均来自管理。我一直认为，管理学校一靠思想引领，二靠规章制度，思想引领是基础，规章制度是保证。

（一）思想引领是基础

制度管理，奠定发展之基；情感管理，铸就和谐之风。

工作中投入的情感越多，收获就越丰厚。教育管理也是如此，刚性制度需要柔性把握。因此，我在学校管理中强调"管理者眼中有教师，教师心上有学生"，学校管理者应该关注和支持教师的工作，而教师则应该将学生的需求和发展放在心上。爱是可以传递的，作为校长，当我把每一个教师都放在心上，把教师专业成长放在第一位的时候，教师也会把每一个学生放在心上，把学生健康成长放在第一位，实现"眼中有生，心中有爱，学生第一"。

一是管理者眼中有教师。管理者应该重视和关心教师的工作情况和需求，为教师提供必要的支持和资源，帮助他们提高教学质量和专业能力。这一点非常重要，因为教师是学校教育的核心力量，他们的工作质量和教学效果直接影响着学生的学习成果和发展。

管理者定期与教师进行沟通和交流，了解他们的工作情况和需求，可以通过个别会谈、教师例会、教研活动等直接形式进行了解，也可以通过自己对教学成绩、成果和教学问题的总结获得反馈。同时，管理者还应了解教师的专业发展需求，为他们提供相应的培训和学习机会，帮助他们不断提升教学能力。

管理者为教师提供必要的支持和资源，包括教学设备、教材教辅、教学技术支持等方面。管理者通过合理的预算安排和资源调配，确保教师有足够的教学资源和良好的工作条件，以此提高教学效果。同时，管理者还可以为教师提供专业指导和咨询，帮助他们解决教学中的问题和困惑。

我们在学校建设了网络系统、多媒体教学系统、监控系统、校园广播系统，各类功能教室、塑胶操场等设施日趋完善，校园网、多媒体教学设备室也基本可以满足现代化教学的需要。为响应市教体局建设图书馆式学校的号召，我们增设了六个开放式校园图书吧。学校还给每个年级的班级图书角新增课标推荐图书28种，每种55本，鼓励师生同读一本书，推行年级组图书漂流，帮助师生实现了每周至少读一本书的目标。图书角再加上校图书馆拥有的5万余册书籍，足以让全校师生尽情地汲取知识和营养，分享读书的快乐。

管理者通过激励机制，鼓励教师积极投入工作。通过表彰优秀教师、设立教学奖励、提供晋升机会等激励措施，管理者可以激发教师的工作热情和积极性，提高他们的工作动力和教学质量。

二是教师心上有学生。教师将学生的需求和发展放在心上，关注每个学生的学习情况和个性特点，制订个性化的教学计划和教学方法，帮助学生充分发展潜力。这一点非常重要，因为学生是教师工作的核心对象，他们的学习成果和发展是教师工作的最终目标。

教师应该了解每个学生的学习情况和个性特点。教师可以观察学生在课堂上的表现、学习态度和学习习惯，了解他们的学习风格和兴趣爱好。同时，教师还可以与学生进行交流和互动，了解他们的学习需求和困难。通过了解学生的情况，教师可以有针对性地制订教学计划和教学方法，满足学生的学习需求。

教师应该制订个性化的教学计划和教学方法。每个学生都有不同的学习特点和学习需求，教师应该根据学生的情况，灵活调整教学内容和教学方式。教师可以根据学生的学习能力和兴趣爱好，设计不同的教学活动和任务，激发学生的学习兴趣和积极性。同时，教师还可以提供个别辅导，帮助学生解决学习中的问题和困惑。

教师应该关注学生的全面发展。学生的成长不仅仅是学习成绩的提高，还包括身心健康、品德素养、社交能力等方面。教师可以通过课堂教学、班级活动、个别辅导等方式，关注学生的全面发展。教师可以培养学生的创造力和批判思维，引导他们形成正确的价值观和行为习惯。同时，教师还可以与学生家长进行沟通和合作，共同关注学生的发展。

"管理者眼中有教师，教师心上有学生"梳理出了学校管理者、教师和学生之间的关系，也明确了学校管理者和教师在服务学生的过程中，各自扮演的角色和应该承担的责任。角色定位清晰了，规章制度制定的基础就有了。

（二）规章制度是保证

一是制定规章制度时要有明确的目标。制定规章制度时，应该有明确的目标，以解决具体的问题或达到特定的目标。

明确的目标可以帮助规章制度的制定者更好地理解制度

的意义和价值。通过明确目标，可以明确制度的作用和影响，从而更好地制定相应的规定和措施。

明确的目标可以帮助相关人员理解和接受规章制度。当规章制度的目标明确时，相关人员能够更好地理解为什么需要这样的规定，从而更容易接受和遵守规定。

明确的目标还有助于规章制度的执行和监督。当目标明确时，可以更清晰地评估制度的执行情况和效果，从而及时进行调整和改进。

在制定规章制度时，可以通过以下几个步骤来确保目标明确：

第一步分析问题或需求：需要对当前存在的问题或需求进行分析，明确需要解决的具体问题或达到的目标。

第二步设定目标：根据问题或需求的分析，明确制定规章制度的目标，确保制度的制定是为了解决具体问题或达到特定目标。

第三步确定关键指标：为了评估制度的执行情况和效果，可以确定一些关键指标来衡量目标的实现程度。

第四步明确制度内容：根据目标，明确规章制度的具体内容和规定，确保执行制度能够有效地达到目标。

二是制定规章制度时要广泛征求意见。制定规章制度时，应该征求相关人员的意见和建议，包括教师、学生、家长等，以确保制度的公正性和可行性。

确保教师、学生、家长的意见和观点被充分考虑。因为他们在小学管理中有不同的角色和利益，他们对规章制度的需求和期望也会有所不同。通过广泛参与，可以收集到各方的意见和建议，从而更全面地了解问题和需求，制定出更符合实际情况和各方利益的规章制度。

增强规章制度的可行性和可接受性。当教师、学生或家长参与到制定规章制度的过程中，他们会感到被尊重和被重视，从而更愿意接受和遵守规定。同时，他们也可以提供实际操作的建议和意见，帮助制定者更好地考虑制度实施的可行性和可操作性。

增强规章制度的公正性和公平性。当教师、学生、家长都有机会参与制定规章制度时，需避免偏袒某一方的情况发生，确保规章制度是公正和公平的。

在实施广泛参与时，可以采取以下几个步骤：

第一步信息共享：提供相关信息和背景资料，让参与者了解问题和需求的背景，以便他们能够作出有意义的贡献。

第二步召开讨论会议或工作坊：邀请相关人员参与讨论会议或工作坊，让他们表达自己的意见和建议，进行深入的讨论和交流。

第三步线上调查或问卷：利用线上调查或问卷的方式，收集相关人员的意见和建议，确保更多人的声音被听到。

第四步组建讨论小组或工作组：组织讨论小组或工作组，让相关人员能够深入参与制定规章制度的过程，共同制定出更好的规定和措施。

三是落实规章制度的效果评估。制定规章制度后，要对规章制度的实施情况和效果进行定期的评估和检查，以了解制度的实际执行情况和达到的效果，并根据评估结果进行必要的调整和改进，确保规章制度的有效性和可行性。

帮助了解规章制度的实施情况。通过评估，可以了解规章制度是否得到了有效的执行，是否被相关人员遵守和遵循。这有助于发现执行中的问题和障碍，并及时采取措施加以解决。

评估规章制度的实际效果。通过评估，可以了解规章制度对学校管理和教育教学的影响和效果，是否达到了预期的目标。这有助于评估规章制度的有效性和可行性，以及对学校运行的贡献程度。

发现规章制度的不足之处和改进。通过评估，可以发现规章制度中存在的问题和不足之处，如执行不力、不合理的规定等，从而及时进行调整和改进，提高规章制度的质量和效果。

在进行效果评估时，可以采取以下几个步骤：

第一步收集数据和信息：收集相关的数据和信息，包括规章制度的执行情况、相关人员的反馈意见、学校管理和教育教学的实际情况等。

第二步分析和比较：对收集到的数据和信息进行分析和比较，了解规章制度的实际执行情况和达到的效果，发现存在的问题和不足之处。

第三步反馈和讨论：将评估结果反馈给相关人员，进行讨论和交流，了解他们的意见和建议，以及对规章制度改进和调整的看法。

第四步调整和改进：根据评估结果和相关人员的反馈意见，进行必要的调整和改进，修订规章制度，提高其质量和效果。

另外，还要建设一套管理激励机制，使之有效地促进教师教育教学观念的转变，从而实现教育质量提高，这也是我们管理者每学年开学之前必做的功课。

六、调适外部环境

做好内部管理的同时，我们也注重与家庭、社会的结合。十几年的校长工作实践让我深深体会到：家庭教育是学校教育的必要补充，家庭教育的好坏直接影响学校教育的效果。要想使学校由弱到强，由强到大，必须取得家庭和社会这两股力量的支持。为此，我们主动走进社区，走入家庭，宣传教育。

（一）建立开放的沟通渠道

建立开放的沟通渠道是学校与家庭建立良好沟通的基础。学校应该提供多种沟通方式，以满足家长的不同需求和偏好，并鼓励家长随时与学校进行交流，以促进家校合作，共同关注学生的学习和发展。

首先，学校可以通过面对面会议与家长进行交流。这种方式可以让双方直接交流，更好地理解对方的观点和需求。面对面会议可以安排在家长会议、家长与教师会议、家访等活动中，让家长有机会与教师和学校管理人员直接对话。

其次，学校可以提供电话沟通的方式。这对于一些忙碌的家长来说可能更加方便，他们可以在工作或其他事务之余打电话给学校，与教师或学校管理人员进行交流。电话沟通可以及时解决问题，提供紧急的支持和指导。

再次，学校还可以利用社交媒体等在线平台与家长进行沟通。例如通过家长微信群、家长 QQ 群等，学校可以发送重要通知、学校活动信息等，让家长及时了解学校的最新动态。这些平台既可用于学校与家长之间的交流和互动，又可以用于家长之间的经验分享、讨论交流等。

最后，学校还可以定期邀请家长参加学校活动、开放日等，为家长提供更多与学校交流的机会。

（二）定期举行家长会议

定期举行家长会议是学校与家庭建立良好沟通的重要方式之一，为家长提供了了解学校的教学计划、课程安排、学生表现等重要信息的机会，同时也为家长提供了与教师面对面交流的平台，可以共同讨论学生的学习情况和存在的问题。通过家长会议，学校和家庭共同关注学生的学习和发展，促进家校合作，为学生提供更好的教育环境。

首先，家长会议可以让家长了解学校的教学计划和课程安排。学校在家长会议上向家长介绍学校的教学目标、课程内容和教学方法，让家长了解学校的教育理念和教学方针。这有助于家长更好地理解学校的教育目标，与学校保持一致的教育理念，从而更好地支持学生的学习。

其次，家长会议可以让家长了解学生的学习和表现。学校在家长会议上向家长介绍学生的学习进展、成绩情况、评价和反馈等。这有助于家长了解自己的孩子在学校的表现和需求，与教师共同探讨学生的学习问题和解决方案。

另外，家长会议还可以给家长提供交流机会。一方面家长可以向教师提出问题，反映家长在孩子学习成长过程中遇到的问题，以促进家校之间的合作和理解；另一方面有经验的家长也可以在会议上与其他家长分享经验、交流观点和建议，从而建立起家长之间的互助和支持网络。这有助于家长之间的交流和合作，共同关注学生的学习和发展。

为了确保家长会议的有效性，学校应该提前通知家长会议的时间、地点和议程，以便家长能够安排时间参加。此外，学校应该鼓励家长积极参与会议，提出问题、分享观点和建议，以促进家校之间的积极互动。

（三）建立家校合作伙伴关系

建立家校合作伙伴关系是学校与家庭建立良好沟通的重要举措之一，主要包括成立家长委员会、参加志愿活动等形式，可以促进学生的学习和发展，增强学校和家庭之间的互信和合作。

成立家长委员会。在学校管理过程中，家长委员会一方面可以及时把学校教学情况传达给家长，另一方面也可以帮助学校及时听取来自家长的声音或建议。

学校邀请家长参与志愿工作。学校组织各种志愿活动，如图书馆管理、学校活动策划、社区服务等，邀请家长参与其中。通过参与志愿工作，家长可以更深入地了解学校的运作和教育活动，与学校建立更紧密的联系和合作。

（四）组织家长活动

积极邀请家长参与学校活动。学校可以定期举办家长参观日、开放日、文化节等活动，邀请家长来学校参观学生的作品展示、参与学校的文化活动。邀请尽可能多的家长和部分社会人士到学校，展示学校的成绩，宣传教育的成果，从而使家长尊重学校，理解学校，支持学校，宣传学校。同时，也可以让家长更好地了解学校的教育环境和学生的学习情况，增进对学校的信任和支持。

学校开展家长教育活动。学校组织家长讲座、研讨会、工作坊等，邀请专家为家长提供相关知识和技能的培训。这有助于家长提升育儿和教育技能，更好地支持孩子的学习和发展。

（五）加强与社区的合作

与社区合作是学校建设良好教育环境的重要方面，可以为学生参加实践活动创造机会。

参与社区活动。学校可以关注社区举办的各种活动，如社区文化节、健康活动、环保活动等。组织学生参与志愿活动，为社区居民提供帮助和服务，培养学生的社会责任感和公民意识。

社区教育讲座。学校可以定期举办社区教育讲座，邀请专家学者、社区领导等进行讲授，分享教育知识和经验。这不仅可以给家长和社区居民提供有关教育的信息，还可以加强学校与社区的联系，建立良好的合作关系。

（六）加强与社会资源合作

学校努力获取更多社会资源支持，如县城里的图书馆、体育设施、艺术资源等。学校可以与图书馆合作，开展阅读推广活动；与体育馆合作，开展体育课程和运动会；与艺术机构合作，开展艺术教育和文化活动。这样可以充分利用社会资源，丰富学校的教育内容和活动。

我们以教师队伍建设为抓手，以现代教育手段为支撑，努力走出了一条文化立校、科研兴校、特色活校、质量强校的办学之路。东阿县第三实验小学先后获得多项国家级、省市级奖项及荣誉称号，如连续4届获得"全国华人少年作文比赛优秀组织奖"，少先队腾飞中队荣获"全国动感中队""全国足球特色学校""全国青少年晨光杯书法比赛优秀组织奖""山东省首届文明校园""山东省绿色学校"，山东教育"阅读与写作实践基地""聊城市德育先进集体""聊城市教学示范学校""聊城市文明单位""聊城市少先队红旗单位""聊城市体育教学示范学校""聊城市绿色学校""聊城市平安和谐校园""聊城市足球特色学校""聊城市依法治校示范校""聊城市巾帼文明岗""聊城市家庭教育示范校""聊城市关爱留守儿童示范基地"等等。

如今，学校已从单一教育主体升级为区域教育生态的核心节点。通过"引进来"整合图书馆、体育馆、艺术机构等社会资源，再以"走出去"输出课程模式和师资力量，形成了内外资源互哺的良性循环。这种动态平衡的模式，既回应了新时代教育多元化的需求，也为县域学校的可持续发展提供了可复制的实践样本。

第三节 实践：让红色教育之花在校园绽放

"我们是共产主义接班人，继承革命先辈的光荣传统，爱祖国爱人民，鲜艳的红领巾飘扬在前胸……"清明前夕，一阵阵嘹亮的歌声在革命烈士孙秀珍同志墓前响起，这是孩子们共同唱响的《中国少年先锋队队歌》，更是祖国未来的建设者对先烈的告慰。

2021年4月2日，鱼山镇中心小学的师生来到革命烈士孙秀珍墓前，举行了"缅怀革命先烈，传承红色精神"祭英烈扫墓活动。仪式现场，全体少先队员齐唱《中国少年先锋队队歌》，少先队员代表向革命烈士献花，默哀三分钟。我在现场给全体师生讲了一堂别开生面的红色教育课。少先队员们在纪念碑前庄严宣誓，决心继承先烈遗志，用实际行动为社会主义现代化国家建设增光添彩。

这是我在鱼山镇中心小学组织的红色教育活动的一个缩影。当时我们的红色教育获得了上级教育主管部门的肯定，"让红色教育之花在学校绽放"系列活动分别被《齐鲁晚报》、聊城电视台、《聊城日报》、今日头条等媒体宣传报道。

一、就地取材，讲好身边的红色故事

鱼山镇中心小学坐落在鱼山脚下，黄河岸边，这里山明水秀，英雄辈出，有着丰富的教育资源和优良的红色传统。近年来，鱼山镇中心小学全面贯彻落实习近平总书记关于"把红色资源利用好、把红色传统发扬好、把红色基因传承好"的重要指示精神，充分利用本土独特的红色资源，讲好红色故事、弘扬红色文化、传递红色力量、传承红色精神，让学生从小接受红色精神教育、红色文化熏陶，努力成长为新时代中国特色社会主义事业的合格建设者和可靠接班人。

青少年是祖国的未来和希望，是中国特色社会主义事业的建设者和接班人。教师是人类灵魂的工程师，是人类文明的传承者，承载着传播知识、传播思想、传播真理，塑造灵魂、塑造生命、塑造新人的时代重任。如何做好红色文化传承这一课题，鱼山镇中心小学一直在思考，如今有了自己的答案：要让红色教育文化在校园实现全方位融入，让学生在知行合一中收获真正的成长。

二、生根发芽，讲好每一堂红色教育课

课堂是教育的主要阵地。扎根于课堂教学，挖掘好教材中的红色基因，是红色教育中非常重要的内容。鱼山镇中心小学始终坚持以"学生核心素养"为出发点，构建三级课程体系，激发学生的潜能和兴趣。不仅如此，学校还把红色教育和传统文化有机融合，用先进文化引领学校发展，营造温馨环境，厚植家国情怀，把一粒粒"红色教育的种子"种在学生的心中。

当然课堂中的红色教育只是一个开始，我们还需把教育延伸到课外，给学生多推荐一些红色书籍、红色电影、红色歌曲等，让学生们心田中"红色教育的种子"得到更多的阳光和雨露！

三、入脑入心，让红色教育文化润物无声

漫步校园，红色文化随处可见。深受学生们喜欢的"红

色文化长廊"更是学校里一道亮丽的风景线。长廊内，时代楷模、身边榜样的先进事迹与戍边英雄的动人故事交相辉映，如同阳光一般，照亮学生们的心田。

环境浸润，大象无形。学校彩绘墙面均以国学经典、唐诗宋词为背景，营造出浓浓的中华优秀传统文化氛围。依托鱼山优秀历史文化资源，在"扬鱼山文化，颂家国情怀"校园文化新格局的引领下，学校积极拓展教育载体，丰富教育内涵，努力建设富有中华优秀传统文化气息的校园，力求让每一寸土地都关情，每一面墙壁都说话，每一个景致都育人。

红色文化与校园文化的美美与共，关键在一个"润"字。希望每一名鱼山的学子都能在这种无形的浸润中，增强民族自豪感，爱祖国、爱家乡、爱学校，这是我的心声和希望。

四、身体力行，让红色教育活动滋养身心

4月，组织开展清明节缅怀先烈活动，引导学生们不忘历史、不忘先烈；5月，组织开展"浓情五月，感恩父母"活动；10月，举行国庆节手抄报设计比赛，并组织学生参加国家公祭日活动，进行爱国主义教育……一系列主题教育活动的开展，推动着红色文化教育逐步在校园落地生根。

一直以来，鱼山镇中心小学深入挖掘红色文化的深厚底蕴及传统节日、重大事件纪念日的教育意义，坚持每月设置一个教育主题，把红色文化教育全方位融入思想道德

教育、文化知识教育、艺术体育教育、社会实践教育等各个环节，通过开展少先队新队员入队仪式、艺体节、研学游、"我和国旗合影"等一系列丰富的少先队特色活动，推动红色文化教育内化于心、外化于行。让学生在积极参与活动的过程中感受红色文化，在潜移默化中接受革命传统教育和爱国主义教育。

润物无声的红色基因传承教育从小蕴蓄了学生的爱国情怀，引领学生健康成长。如今，漫步鱼山中心小学，校园里花红柳绿，春意盎然，学生们手持课本，书声琅琅，展现着新时代少年的精气神；教室里，国学经典诵读等特色课程开展得热火朝天，一朵朵红色教育之花正在校园悄然绽放……

第五章

教学管理：努力创建农村优质学校

第一节　办学理念是学校的核心

一、小学教育：我们需要干什么

2018 年，我从副校长走上校长岗位，担任乡镇联校校长。岗位的变化带来责任的变化，责任有了变化，思考问题的角度也需要随之变化。从一个校长的角度出发，我开始思考小学教育的根本任务是什么。

简单说，小学教育就是培养学生的基础知识和基本技能，塑造他们的品格和价值观。

一是学生在小学阶段需要掌握的核心学科知识，如语言、数学、科学、社会科学和艺术等。这些知识是学生进一步学习和发展的基础，对于他们在后续学习中的理解和应用至关重要。小学教育应该注重培养学生的核心学科知识和学科探究能力，使他们能够理解和运用所学知识。

二是学生在小学阶段需要掌握的基本技能，如阅读、写作、计算、问题解决和信息技术等。这些技能是学生学习和生活中必不可少的工具，对于他们的学习成绩和未来发展具有重要影响。小学教育应该注重培养学生的基本技能，使他们能够熟练运用这些技能解决实际问题。

在实施这一教学任务时，小学教育应该注重以下几个方面：个性化教学，教师应该根据学生的不同特点和学习需求，采用不同的教学方法和策略，确保每个学生都能够掌握基础知识和基本技能；融入实践，教师应该将基础知识和基本技能与实际生活和社会情境相结合，使学生能够将所学知识和技能应用到实际问题中，提高学习的实用性；培养学习兴趣，教师应该通过创设有趣和具有挑战性的学习环境，激发学生的学习兴趣和主动性，使他们能够主动探索和学习；持续评估和反馈，教师应该通过不断的评估和反馈，及时发现学生在学习中遇到的困难和问题，并提供个性化的支持和指导，帮助他们克服困难，提高学习效果。

三是小学教育的根本任务是培养学生的品格和价值观。学校应该致力于培养学生的道德品质、社交技能和自律能力。学生需要学会尊重他人、合作与分享，培养积极的态度和价值观，以及发展自己的兴趣和才能。

品格和价值观是指学生的道德品质、社交技能和自律能力，以及他们所持有的价值观和信念。小学教育应该注重培养学生良好的品格和正确的价值观，以塑造他们成为有道德、有责任感和有社会意识的公民。

培养学生的道德品质是小学教育的重要任务之一。学校应该注重教育学生树立尊重他人、诚实守信、友善待人、勇于承担责任等道德价值观。通过课堂教育、校园文化建设和社会实践等方式，学校可以帮助学生树立正确的道德观念和行为准则。

培养学生的社交技能是小学教育的重要任务之一。学校应该注重培养学生的合作能力、沟通能力和解决问题的能力。通过团队合作、角色扮演和社交活动等方式，学校可以帮助学生学会与他人合作、交流和解决冲突，培养良好的人际关系和社交技能。

培养学生的自律能力也是小学教育的重要任务之一。学校应该注重培养学生的自我管理能力、自我控制能力和自我激励能力。通过制定规则和纪律、培养良好的学习习惯和生活习惯，学校可以帮助学生养成自律的习惯和良好的行为规范。

在实施这一教学任务时，小学教育应该注重以下几个方面：规范引导，教师应该以身作则，树立良好的榜样，引导学生形成良好的品格和正确的价值观；课程设计，学校应该在课程中融入道德教育和社交技能培养的内容，使学生能够在学习中培养良好的品格和社交能力；情感教育，学校应该注重培养学生的情感素质，帮助他们养成积极的情感态度和情绪管理能力；家校合作，学校应该与家长密切合作，共同培养学生的品格和价值观，形成家校共育的良好氛围。

此外，小学教育的根本任务还包括培养学生的创造力和批判性思维能力。学校应该提供丰富的学习环境和机会，鼓励学生思考、探索和创新。学生需要学会独立思考、解决问题和表达自己的观点。小学教育还应当注重培养学生的身心健康和全面发展。学校应该关注学生的身体健康和心理健康，提供适当的体育活动和心理辅导。学生需要学会保持良好的生活习惯、管理情绪和应对压力。

二、办学理念：一个学校的灵魂

（一）办学理念是什么？

办学理念是学校的办学宗旨和目标，是学校办学方向的指导原则。办学理念以学校基本任务为出发点，体现学校特色和教学特点，对于学校的发展和教育教学质量具有重要的指导作用。我们可以从教育目标、教育价值观、教育方法和教育环境四个方面深入探讨学校办学理念的重要性，并分析其在实践中的应用。

一是从学校办学理念明确学校的教育目标，即培养学生什么样的素质和能力，以及学生应具备的知识和技能。教育目标是学校办学的根本出发点和落脚点。一个明确的教育目标能够帮助学校确定教育内容和教学方法，使教育活动更具有针对性和有效性。

假如学校的教育目标是培养学生的创新能力和实践能力。在实践中，学校将注重培养学生的动手能力和解决问题的能力，通过开展各种实践活动和项目学习，让学生能够将所学知识应用到实际生活中，培养他们的创新思维和实践能力。

二是从学校办学理念明确学校所倡导的价值观，包括道德、人文、科学、民主等方面的价值观，以及对学生的人格培养和全面发展的重视。教育价值观是学校办学的精神支柱和道德底线。一个明确的教育价值观能够引导学校的教育活动，培养学生正确的价值观和道德观念。

假如学校的教育价值观是以人为本，注重学生的全面发展和个性发展。在实践中，学校将注重培养学生的自主学习能力和创造力，鼓励学生发展自己的特长和兴趣，提供多样化的教育资源和活动，让学生能够全面发展并实现自己的人生价值。

三是从学校办学理念明确学校所采用的教育方法和教学策略，包括教学内容的选择、教学方式的设计、评价方式的确定等。教育方法是学校办学的实施手段和教育活动的组织方式。一个科学合理的教育方法能够提高教育教学的效果和质量。

假如学校的教育方法是以问题为导向的学习。在实践中，学校将注重培养学生的问题解决能力和批判性思维，通过提出问题、探究问题、解决问题的过程，激发学生的学习兴趣和思考能力，培养他们的自主学习能力和创新能力。

四是从学校办学理念明确学校所营造的教育环境，包括学校的文化氛围、师生关系、学校设施和资源等方面。教育环境是学校办学的外部条件和教育活动的舞台。一个良好的教育环境能够提供良好的学习氛围和学习条件，促进学生的全面发展。

假如学校的教育环境是积极向上、和谐友善的。在实践中，学校将注重师生之间的互信和合作，营造积极向上的学习氛围，提供良好的学习设施和资源，为学生的学习和成长提供良好的条件和支持。

学校办学理念是学校的办学宗旨和目标，是学校办学方向的指导原则。它对于学校的发展和教育教学质量具有重要的指导作用。一个明确的学校办学理念能够帮助学校确定教育目标、引导教育活动、提高教育质量。在实践中，学校应根据自身的特点和需求，确定适合自己的办学理念，并将其贯彻到教育教学活动的方方面面，为学生的全面发展和个性发展提供良好的条件和支持。

（二）博采众长：探索方向

步入新的工作岗位，面临新的问题和挑战，自己需要不断学习，获取知识，研究理论，明确方法。走上校长的岗位，首先需要明确的就是办学理念。虽然此前也查阅过相关著作，有过一些思考，但那时还是以指导自己的具体工作为出发点，大局观不够。

校园教育一直是诸多教育工作者研究的重点对象，也出现了很多关于办学理念的研究成果。

个性化教育理念，强调每个人都是天才，要根据学生的个体差异和需求，提供个性化的教育服务和支持，注重培养学生的个性发展和潜能。

创新教育理念，强调培养学生创新思维和创造力的方法及策略，注重培养学生的问题解决能力和创新能力，鼓励学生勇于尝试和创新。

自主学习教育理念，强调学习的重要性，提出了学校应该从传授知识转变为促进学生学习的角色，倡导学生主导学习和自主学习的理念。鼓励学生和教师不断学习和成长，培养学生的学习能力和自主学习的习惯。

融合教育理念，强调将不同背景、能力和特点的学生融合在一起，提供包容的教育环境和教育机会，促进学生的多元发展。

多元化发展教育理念，强调学校应该尊重学生的多元化发展，提供多样化的课程和活动，满足不同学生的兴趣和需求，培养学生的综合素质和能力。

当然还有其他诸多理念，在此不一一列举。这些办学理念从不同角度提供了理论基础和实践指导。在实践中，有的学校选择了贯彻一种办学理念；有的学校选择了几种理念融合并用；有的借鉴了理念，结合了本地特点建设特色学校。因材施教、因地施教，有借鉴，也有发展。这些理念对于推动教育改革和提高教育质量具有重要的影响和启示作用。

地处乡村的乡镇小学应该何去何从？是值得我们积极探索的课题。

（三）因地制宜：打造我们的办学理念

东阿县第三实验小学的办学理念是"厚德、博学、明理、笃行"，旨在使全体师生具有宽厚胸怀与担当意识，不以个人得失为主，重公轻私；做一个学识丰富，终身学习，与时俱进，身体力行，有创新思维的人；能明辨是非，通晓道理，逐本求真；能踏实坚持去做，既学有所得，又践履所学，最终做到知行合一。

厚德：出自先秦《易经》坤卦："君子以厚德载物"，旨在号召全体师生以德修身，把学生培养成为品学兼优，具有宽广胸怀和社会担当的人。

博学：出自《中庸》第二十章："博学之，审问之，慎思之，明辨之，笃行之"。通过全体师生的共同努力，使学生掌握丰富多元的科学文化知识，提升学生的综合素质。

明理：源自《中庸》第二十章："博学之，审问之，慎思之，明辨之，笃行之"。通过全体师生的共同努力，引导学生探索世界内在规律，遵循事物内在规律进行学习和生活。

笃行：出自《中庸》第二十章："博学之，审问之，慎思之，明辨之，笃行之"。通过全体师生的共同努力，引导学生从理论知识走向实践应用，使所学最终有所落实，做到"知行合一"。

第二节　优化顶层设计，提升文化价值领导力

发展定位决定未来，价值引领决定方向。挖掘地域文化优质资源，融合自然与人文基因，确立"厚德、博学、明理、笃行"办学理念，积极实施生态人文教育，按照绿色、红色、书香、人文四个维度，全面规划设计绿色生态塑形、红色生态铸魂、书香生态润心、人文生态凝神四位一体的育人文化价值体系。

一、坚持党建领航，引领学校健康发展

学校始终坚持党建领航，筑牢"红色堡垒"，依靠"红色先锋"，引领师生"红心向党"，打造"子光之光"党建品牌。成立"子光之光"志愿服务队，志愿服务取得阶段性成果。"子光之光"党建品牌，在山东教育发布 APP 上推介宣传。

二、优化顶层设计，营造温馨育人环境

学校注重挖掘地域文化优质资源，融合自然与人文基因，提炼"办学求实、做事务实、为人诚实"的三实精神。以"构建和爱家园，建设'三实'校园"为价值愿景，打造

"和爱厚实"文化品牌。根据学校现实情况，确立"一静一动，静以养心，动以健身"的学校基本发展方向。积极实施生态人文教育，按照绿色、红色、书香、人文四个维度，全面规划设计绿色生态塑形、红色生态铸魂、书香生态润心、人文生态凝神四位一体的育人文化价值体系。2023年，学校先后荣获山东省卫生单位、山东省绿色学校、山东省残疾儿童随班就读示范校、山东省规范写字联系点四项省级荣誉，飞翔中队被评为全国红领巾中队。2023年5月学校"一静一动"教育特色理念被山东卫视教育频道宣传报道，同一时间《聊城日报》对此进行大篇幅宣传报道。2023年5月学校开展的母亲节系列活动、教职工趣味运动会等活动多次被中国教师报微信公众号宣传推介。2023年6月学校德育活动被山东卫视教育频道、闪电新闻等媒体宣传报道。

坚持"教师第一"，树立质量为王理念。我始终认为爱是可以传递的，作为校长，当我把每一个教师都放在心上，把教师专业成长放在第一位的时候，教师也会把每一个学生放在心上，把学生健康成长放在第一位，实现"眼中有生，心中有爱，学生第一"。正是有了这种信任、宽容和爱，让教师们找到了归属感，从而激发了他们的工作积极性，也让我校从教育质量落后学校一跃成为全县教育质量强校。

第三节　坚持民主理校，提升学校治理领导力

一、开启学校由管理走向治理新境界，修订完善学校章程

坚持民主理校，提升学校治理领导力是一种现代化学校管理的理念和实践。它强调了学校管理中的民主原则和领导力的重要性，旨在建立一个公正、透明、高效的学校管理体系。

首先，坚持民主理校意味着学校管理应该充分尊重师生、家长和其他利益相关者的权益和意见。学校管理者应该积极倾听各方的声音，广泛征求意见，并通过民主程序进行决策。这样可以增加决策的合法性和可接受性，减少决策的偏颇和不公正。

其次，坚持民主理校还要求学校管理者主动营造民主、平等、开放的学校文化和氛围。学校应该鼓励师生参与学校事务的决策和管理，建立学生代表会议、教职工代表大会等机制，让师生能够参与到学校管理中来，增强他们的责任感和归属感。

同时，提升学校治理领导力是实现民主理校的关键。学校管理者应该具备较高的管理能力和领导水平，能够有效地

组织和协调学校各项工作。他们需要具备良好的沟通能力，能够与师生、家长和其他利益相关者进行有效的沟通和协商。他们还需要具备决策能力和问题解决能力，能够在复杂的学校环境中做出明智的决策。

此外，学校管理者还应该注重自身的学习和发展，不断提升自己的管理水平和领导能力。他们可以通过参加培训、学习先进的管理理念和方法、与其他学校管理者进行交流等方式来提升自己的能力。

二、重构以人为本制度体系，形成师生共同行为和文化自觉

构建以人为本的学校制度体系，形成师生共同行为和文化自觉，是为了实现学校教育的最终目标：培养全面发展的人才。这需要学校从制度层面出发，关注每个学生的个体需求和发展潜力，使其在学校环境中能够得到充分的关注和培养。

明确学校的办学理念和教育目标，是构建以人为本的学校制度体系的基础。学校应该明确学校的办学理念，如厚德、博学、明理、笃行等，明确教育目标，如培养学生的创造力、批判思维能力等。这些理念和目标应该贯穿于学校的各个方面，成为学校制度的指导原则。

建立民主参与的决策机制，可以增强师生的归属感和责任感。学校应该建立起民主参与的决策机制，让师生能够参

与到学校事务的决策过程中，包括教学计划的制订、学校规章制度的修订等。通过师生的参与，增强他们对学校的认同感和责任感，形成共同行为和文化自觉。

建立师生互动的沟通机制。学校应该建立起师生之间的互动沟通机制，包括定期的班会、家长会、教师家长联络会等。这些机制可以促进师生之间的交流和理解，增强师生之间的互信和合作，形成共同行为和文化自觉。

建立公平公正的评价体系，是构建以人为本的学校制度体系的重要方面。学校应该建立起公平公正的评价体系，使学生能够根据自身的努力和能力得到公正的评价，避免评价过分强调分数和排名。这样可以减少学生之间的竞争压力，鼓励他们全面发展，形成共同行为和文化自觉。

培养师生的自主学习能力。学校应该培养师生的自主学习能力，让他们能够主动参与到学习过程中，培养他们的创造力和批判思维能力。这样可以增强师生的主体意识和主动性，形成共同行为和文化自觉。

建立正向激励机制，是重要的一步。学校应该建立起正向激励机制，通过表彰和奖励来鼓励师生的积极行为和优秀表现。这样可以激发师生的积极性和创造力，形成共同行为和文化自觉。

建设学校文化也是构建以人为本的学校制度体系的重要方面。学校应该建设独特的学校文化，包括学校的口号、校训、校歌等。这些文化符号可以让师生共同认同和传承学校的文化，形成共同行为和文化自觉。

加强师资培训，是构建以人为本的学校制度体系中非常重要的一环。师资培训的目的是提高教师的教育教学水平和教育理念，使其能够更好地引导学生，形成师生共同行为和文化自觉。主要注意以下几个方面：

首先，师资培训应该注重教师的专业知识和教学技能的提升。学校可以组织各类培训活动，包括教学方法的研讨、教育理论的学习、教学资源的分享等，帮助教师不断更新知识和技能，提高教学质量。

其次，师资培训应该注重教师的教育理念和教育价值观的培养。学校可以组织师德师风培训，引导教师树立正确的教育观念，强调以人为本的教育理念，关注每个学生的个体需求和发展潜力。此外，师资培训还应该注重教师的心理健康和情绪管理能力的培养。教师工作压力大，需要具备良好的心理素质和情绪管理能力，才能更好地应对各种挑战和困难。学校可以组织心理健康培训，帮助教师提高自我调节和压力管理能力。

师资培训还应该注重教师的团队合作和沟通能力的培养。教师需要与同事、家长和学生进行良好的沟通和合作，才能更好地开展教育工作。学校可以组织团队合作培训和沟通技巧培训，帮助教师提高团队合作和沟通能力。

师资培训应该是持续性的，不断更新和完善。学校可以建立起师资培训的长效机制，定期组织各类培训活动，提供持续的学习机会和资源支持，帮助教师不断提升教育教学水平和专业素养。

通过加强师资培训，学校可以提升教师的教育教学水平和教育理念，使其能够更好地引导学生，形成师生共同行为和文化自觉。这将有助于提高学校的整体教育质量，促进学生的全面发展。

三、建立权力清单、负面清单、责任清单制度，实行底线管理

一是规范管理行为。在小学学校管理中，通过制定权力清单，明确管理人员的职责和权限范围，可以避免滥用职权和越权行为的发生。管理人员清楚自己的权力边界，能够更加准确地履行职责，提高管理的合法性和合规性。

管理人员职责的明确性。通过制定权力清单，学校可以明确规定每个管理人员的职责和权限范围。这有助于管理人员清楚自己的工作职责，避免工作职责的模糊性和冲突。明确的职责范围可以使管理人员更加专注于自己的工作领域，提高工作效率和质量。

权力行使的合法性和合规性。权力清单的制定可以确保管理人员在行使权力时遵守法律法规和学校规章制度。权力清单明确规定了管理人员可以行使的权力范围，避免了滥用职权和越权行为的发生。这有助于保障管理工作的合法性和合规性，维护学校的声誉和形象。

防止权力滥用和不当行为。权力清单可以起到约束和规范管理人员行为的作用。权力清单明确规定了权力的边界，防止管理人员滥用职权或越界行事。同时，权力清单也可以列举出不得从事的行为，防止不当行为的发生。这有助于维护管理的公正性和权威性，保护学生和教职员工的权益。

提高管理效能和透明度。权力清单的制定可以提高管理工作的效能和透明度。明确的职责和权限范围可以使管理人员更加专注于自己的工作，避免工作重叠和冲突。同时，权力清单也为管理人员提供了明确的工作指导，使其能够提高管理效能。透明的权力清单也可以增加管理工作的透明度，让学校各方面工作的可预期和可控性大大提升。

二是防止不当行为。负面清单的制定可以明确列举出不得进行的行为，包括违法违规行为和不道德行为等。这有助于规范管理人员的行为，防止不当举动的发生。同时，负面清单也可以起到警示和约束的作用，提醒管理人员遵守规范，避免违规行为的发生。

三是强化责任意识。责任清单的制定明确了管理人员在管理工作中应承担的责任和义务。这有助于增强管理人员的责任感和使命感，促使其更加积极主动地履行职责，推动学校管理工作的顺利进行。责任清单也可以作为管理人员绩效考核的依据，进一步激发管理人员的工作动力。

四是维护管理公正性和权威性。底线管理的实施确保了管理工作在合法、合规、公正的基础上进行。通过设定底线，对于违反底线的行为进行严肃处理，可以维护学校管理的公正性和权威性。底线管理也可以起到警示和震慑的作用，提醒管理人员遵守规范，不要越界或违规行事。

学校实现分权赋能治理，依靠民主治校，找到最大公约数，画出最大同心圆，让每个教职工最大化地参与民主管理，让广大家长、学生积极参与学校治理，实现办一所不是一个人说了算的学校的美好愿景。

第四节　坚持"双核"驱动，提升课程教学领导力

一、课程与课堂

课程与课堂是学校发展的核心战略，是提升核心竞争力的有力保障。

课程是学校教育的基础，它涉及学校所提供的各种学科和课程内容。一个优质的课程设置可以吸引更多的学生，提高学生的学习兴趣和学习效果。通过不断优化和更新课程，学校可以提供更具吸引力和竞争力的教育内容，从而吸引更多的学生选择本校。

课堂是学校教学的具体实施环节，是学生与教师进行互动和交流的场所。一次高质量的课堂教学可以提高学生的学

习效果和学习能力。通过优化教学方法和提升教师的教学水平，学校可以提供更高质量的课堂教学，从而提升学生的学习成绩和能力。

学校的核心竞争力是指学校在教育领域中相对于其他学校的优势和特色，具体体现为科学的课程设置和优质的课堂教学质量。将课程与课堂作为学校发展的核心战略，意味着学校将重点关注和投入资源于课程设置和课堂教学的优化和提升。这种战略性的思维和行动可以帮助学校在教育市场中脱颖而出，实现可持续发展。

二、多元化育人

构建国家、地方、校本三位一体，基础、拓展、综合三类融合课程体系，创造适合每一个学生发展的教育。创新德育一体化，落实《中小学德育工作指南》，按照课程育人、文化育人、活动育人、实践育人、管理育人、协同育人等不同路径，实施多元化育人。

课程育人：课程育人是通过课程设置和教学内容的设计，培养学生的道德品质和价值观念。在实施多元化育人时，可以在各个学科中融入德育内容，使学生在学习过程中接受道德教育。例如，在语文课程中引导学生阅读优秀文学作品，培养他们的情感和道德情操；在科学课程中让学生了解科学伦理和科学道德，引导他们正确对待科学研究和应用。

文化育人：文化育人是通过学校文化的塑造和传承，培养学生的文化素养和道德情操。在多元化育人中，可以组织各类文化活动，让学生了解和尊重不同的文化，培养他们的文化自信和社会责任感。例如，学校可以组织文化节、艺术展览、文化交流等活动，让学生参与其中，感受不同文化的魅力，培养他们的跨文化交流能力和包容性。

活动育人：活动育人是通过丰富多样的校园活动，培养学生的社会交往能力和道德品质。在多元化育人中，可以组织各类社团活动、志愿服务等，让学生参与其中，培养他们的团队合作精神、责任感和公民意识。例如，学校可以组织学生参与社区服务、环保活动、扶贫行动等，让学生亲身体验社会实践，培养他们的社会责任感和公益意识。

实践育人：实践育人是通过广泛的社会实践活动，增强学生的社会责任感、创新精神和实践能力。在多元化育人中，可以与综合实践活动课紧密结合，每学年安排至少一周的实践活动，让学生亲身体验社会，培养他们的综合素质。例如，学校可以利用历史博物馆和文物展览馆，革命纪念地和烈士陵园，展览馆和美术馆等资源开展教育，让学生在实践中学习，在学习中实践，全面提升自我。

管理育人：管理育人是通过建立健全的管理制度和规范，培养学生的自律意识和责任感。在多元化育人中，可以制定学校规章制度，加强学生的行为规范教育，培养他们的自我管理能力和道德自觉。例如，学校可以建立学生会、班级管理委员会等组织，让学生参与管理和决策，培养他们的组织能力和领导才能。

协同育人：协同育人是通过学校、家庭、社会等多方合作，共同培养学生的道德品质和社会责任感。在多元化育人中，可以加强学校与家长的沟通合作，组织家校共育活动，引导学生积极参与社会实践和公益活动。例如，学校可以与家长合作开展家庭教育讲座等活动，共同关注学生的德育成长，形成家、校和社会三方共同育人的良好氛围。

多元化育人是指通过课程、文化、活动、管理和协同等多种途径和手段，全面培养学生的道德品质和社会责任感。这些路径相互交织、相互促进，共同构建起一个全面育人的体系，为学生的全面发展提供支持和保障。

三、构建校园文化体系

构建校园文化体系，实现课程校本化。

在刚性落实国家课程方案基础上，对国家、地方课程进行二次设计，实现国家、地方课程的校本化实施。挖掘当地自然与人文优质资源，开发自然、人文特色校本课程，构建"绿色、红色、书香、人文""四维"校本课程体系。建立课程超市，开设了书法、创意、体验、手工、鼓号、经典诵读、演讲与口才等二十几个校本课程，供学生自主选择，激发学生潜能和兴趣。我们的鼓号课程学员连续两届代表东阿县参加聊城市鼓号操大赛，荣获银号奖。演讲与口才课程被

《齐鲁晚报》宣传报道，学员陈鲁豫同学被选为聊城市党史学习教育宣讲团成员。

四、创新课堂教学新范式

创新课堂教学新范式。积极探索基于情境和问题导向的互动式、体验式教学，开展探究式、项目化、合作式学习。

创新课堂教学是指在传统的课堂教学模式基础上，通过引入新的教学方法、教学技术和教学资源，以激发学生的创造力和思维能力，提高学生的学习效果和兴趣的一种教学方式。理解创新课堂教学可以从以下几个方面入手：

引入新的教学方法，提升学生参与度：创新课堂教学注重通过多种教学方法来激发学生的学习兴趣和主动性，使学生成为学习的主体。这些方法能够使学生更加积极主动地参与到学习中，提高学习效果。例如，通过引入合作学习、项目式学习等方式，让学生在团队中合作解决问题，培养学生的团队合作和沟通能力。

利用新的教学技术：创新课堂教学借助现代教育技术，如多媒体教学、虚拟实验、在线学习平台等，丰富教学资源，提供多样化的学习材料和学习工具，使教学更加生动有趣，使学生能够更加直观地理解和掌握知识，提高学生的学习效果和参与度。

创造性思维培养：创新课堂教学注重培养学生的创造性思维能力，通过探究式学习、启发式教学、问题解决等方式，激发学生的创新潜能，引导学生主动思考和提出问题，培养学生的批判性思维和创造性思维能力。同时，创新课堂教学也注重培养学生的实践能力，通过实践活动和实际案例分析，让学生将所学知识应用到实际问题中，培养他们解决问题的能力。

个性化教学：创新课堂教学注重根据学生的个体差异和学习需求，采用差异化教学策略，为每个学生提供个性化的学习支持和指导，使每个学生都能够在适合自己的学习环境中得到发展。

教师角色的转变：创新课堂教学要求教师从传统的知识传授者转变为学生的引导者和指导者。教师需要提供学习资源和指导，激发学生的学习兴趣和动力，同时也需要给予学生足够的自主学习空间和时间，让学生自主探索和学习。教师还需要及时反馈学生的学习情况，帮助学生纠正错误和提高学习效果。

总之，创新课堂教学是一种以学生为中心，注重培养学生创新能力和思维方式的教学方式，通过引入新的教学方法和技术，提高学生的学习效果和兴趣，促进学生的全面发展。

五、打造"362 生态高效课堂"改革模式

以落实"学生核心素养"为着力点，打造"362 生态高效课堂"改革模式。

我以前任职的学校虽然是只有 68 名教师的农村小学，但近三年，校内教师荣获省优质课 3 人，市优质课 10 人，市教学能手 8 人，县教学能手 9 人，县优质课 12 人。全校共 42 人次参与了省市县教学能手、优质课评选活动并获奖。

六、探索劳动实践新路径

本着"以劳树德、以劳增智、以劳强体、以劳育美、以劳创新"的原则，把劳动教育融入日常生活、学校生活、社会实践各环节。建设劳动"课程超市"，丰富劳动教育的内容与形式。建立劳动教育基地，组织学生进行田园体验。学校自主改建占地四十亩的劳动实践基地已经投入使用，利用每月最后一个周五下午，组织全体师生进行种植、观察、采摘等田园体验，让劳动实践教育真实发生。

第五节　完善多元评价，提升科学评价领导力

一、抓住教育评价指挥棒，撬动学校的高质量发展

学校必须重视教育评价，将其作为推动学校高质量发展的重要工具。通过评价指挥棒的引导和影响，学校可以调整教育教学的方向和策略，提高教育质量，促进学生的全面发展。

具体来说，学校应该关注教育评价的结果和反馈，了解学生的学习情况和成绩表现，以及教师的教学效果。通过评价指挥棒，学校可以发现以上方面存在的问题和不足之处，并采取相应的措施进行改进。同时，学校还可以借助评价指挥棒的引导，制订教育目标和计划，提高教学质量和学校整体水平。

一是教育评价的重要性，是指评价对于学校的发展和提高教育质量的重要作用。教育评价可以通过对学生学习情况、教师教学效果、学校整体运作等方面的评估，提供客观的数据和反馈，帮助学校了解自身的优势和不足，找到改进的方向和方法。

首先，教育评价可以帮助学校了解学生的学习情况和成绩表现。通过评价，学校可以了解学生的学习进展、掌握的知识和技能水平，以及他们在不同学科和领域的表现。这有助于学校发现学生的学习需求和问题，并采取相应的教学策略和措施，提供更有效的教育服务。

其次，教育评价可以评估教师的教学效果。通过评价，学校可以了解教师的教学能力、教学方法和教学效果。这有助于学校发现教师的优势和不足，并提供相应的培训和支持，提高教师的专业水平和教学质量。

此外，教育评价还可以评估学校整体的运作和管理情况。通过评价，学校可以了解自身的组织结构、管理效能、教育资源配置等方面的情况。这有助于学校发现管理问题和改进空间，优化学校的运作机制，提高学校的整体水平。

二是评价指挥棒的引导作用。评价指挥棒是指评价结果和反馈对学校的引导和影响。学校可以根据评价指挥棒的结果，调整教育教学的方向和策略，提高教育质量。评价指挥棒可以帮助学校发现问题和不足之处，并采取相应的措施进行改进。

首先，评价指挥棒可以帮助学校发现问题和不足之处。通过评价，学校可以了解学生的学习情况、教师的教学效果和学校的整体运作情况。评价指挥棒可以提供客观的数据和反馈，帮助学校发现存在的问题和不足之处，如学生的学习困难、教师的教学盲点、学校的管理漏洞等。这有助于学校及时解决问题，提高教育质量。

其次，评价指挥棒可以指导学校采取相应的措施进行改进。评价结果和反馈可以为学校提供改进的方向和方法。学校可以根据评价指挥棒的引导，调整教育教学的策略和方法，改进教学内容和方式，提供更适应学生需求的教育服务。评价指挥棒可以帮助学校制订明确的教育目标和计划，推动学校的发展。

此外，评价指挥棒还可以激励学校持续改进和提高。评价结果和反馈可以为学校提供动力，激励学校不断追求卓越。学校可以将评价指挥棒作为一个参考，不断反思和调整自身的教育理念和实践，持续改进和提高教育质量。

三是高质量发展的目标。学校的高质量发展是指全面提升学校的教育质量和整体水平。通过抓住教育评价指挥棒，学校可以制订明确的教育目标和计划，不断提高教学质量和学校整体水平。高质量发展是学校的追求，也是为了更好地满足学生的需求和社会的期望。

高质量发展的目标是提供优质教育。学校的首要任务是为学生提供优质的教育服务，帮助他们全面发展。高质量发展的目标是确保学生获得良好的学习成果，掌握必要的知识和技能，培养他们的创新能力、批判思维和终身学习的意识。

高质量发展的目标是提高教育质量。学校应该不断提升教育质量，提供高效的教学和良好的学习环境。高质量发展的要素包括教师的专业水平和教学能力、教学资源的充足性和质量、教学方法的多样性和有效性等。学校应该致力于提高教育质量，确保学生能够获得优质的教育。

高质量发展的目标是提升学校整体水平。学校的整体水平包括学校的管理效能、组织结构、师资队伍、教育资源配置等方面。学校应该不断优化自身的运作机制，提高管理水平，提供良好的学习和发展环境，以提升学校的整体水平。

坚定不移地用"唯公平优质、唯改革创新、唯全面发展"作为评价导向，以评价改革的创新办法，扭转不科学的评价导向。

二、构建以教书育人为导向的教师考核评价机制

构建以教书育人为导向的教师考核评价机制是为了更好地促进教师的专业发展和提高教学质量。

一是明确教师的教书育人目标。教师的教书育人目标是培养学生的学习能力、思维能力、创新能力和道德品质等综合素养。在构建评价机制时，需要明确这些目标，并将其纳入评价指标体系。例如，评价指标可以包括学生的学习成绩、学生的综合素质发展情况、学生的道德品质等。这些指标可以通过学生的考试成绩、学生的作品、学生的社会实践活动等来评估。

此外，教师的教育教学目标也应该明确。教师应该具备的教学能力和教育素养可以作为评价指标之一。例如，评价教师的教学能力可以通过观察教师的课堂教学效果，听取学生对教师教学的评价等方式来进行评估。评价教师的教育素养可以通过了解教师的教育理念、教育方法等来进行评估。

二是建立全面的评价指标体系。建立全面的评价指标体系是为了确保评价机制能够全面、客观地评估教师的教书育人水平。评价指标体系应该覆盖教学效果、学生综合素质发展、教师教育教学能力和教育教学方法等多个方面。

首先，教学效果是评价教师教书育人的重要指标之一。可以通过学生的学习成绩、学生的知识掌握程度、学生的学习兴趣等来评估教师的教学效果。此外，还可以考虑学生的

学习态度、学习习惯等因素。

其次，教育评价需以学生综合素质发展为核心依据，学生能力维度应涵盖思维能力、创新能力、沟通与合作能力，以及道德品质，其评价需结合作品档案、德育动态数据等。

此外，对教师的评价应聚焦其教育教学能力与方法。能力层面需通过课堂观察和学生匿名反馈进行量化评估；方法层面需结合教案设计与教学理念陈述，形成教学策略与学生能力发展的逻辑对应关系。

三是采用多元化的评价方法。评价方法应多样化，以获取全面的评价信息。可以通过课堂观察、学生评价、同行评价、家长评价、学校管理者评价等方式来评估教师的教学水平和教育素养。

首先，课堂观察是一种常见的评价方法。通过对教师的课堂教学进行观察和记录，评估教师的教学效果、教学方法、教学内容等方面的表现。观察者可以是学校的教研组成员、教务处的教学督导员等专业人士。他们可以通过观察教师的教学过程、学生的反应、教学资源的利用等来评估教师的教学质量。

其次，学生评价也是一种重要的评价方法。学生可以通过问卷调查、小组讨论、个别面谈等方式来评价教师的教学质量、教学方法和教学效果。学生的评价可以反映教师在教学过程中是否能够激发学生的学习兴趣、关注学生的个体差异等方面的表现。学生评价可以通过匿名方式进行，以保证学生进行真实反馈。

此外，同行评价也是一种有效的评价方法。教师可以相互观摩课堂，进行互相评价和反馈。同行评价可以促进教师之间的交流和学习，提高教师的教学水平。同行评价可以通过教研活动、教学团队等方式进行。

家长评价也是评价教师的重要参考。家长可以通过家长会、家长问卷等方式来评价教师的教学质量和教育效果。家长的评价可以反映教师在与家长的沟通、家校合作等方面的表现。

最后，学校管理者评价也是评价教师的重要参考。学校管理者可以通过定期的教学观摩、教学检查等方式来评价教师的教学质量和教学水平。学校管理者的评价可以反映教师在学校整体教育目标和要求下的表现。

四是注重教师的专业发展。评价机制应鼓励教师参加教育培训、学术研究等专业发展活动，以提高教师的教学水平和教育素养。可以将教师的专业发展情况作为评价指标之一，并给予相应的激励和奖励。

传统的考核评价机制往往只注重教师的教学效果，忽视了教师的专业发展。鼓励教师参与专业发展活动是促进教师专业发展的重要手段。学校可以提供专业发展培训、学术交流、教学研讨等机会，鼓励教师积极参与。这些活动可以帮助教师更新教学理念、掌握新的教学方法和技巧，提升教学水平和专业素养。同时，将教师参与专业发展活动作为评价指标之一，可以激励教师积极参与，推动教师的专业发展。

建立导师制度也是促进教师专业发展的有效方式。导师可以是经验丰富的教师，他们可以指导新教师的教学工作和专业发展。导师可以提供教学指导、经验分享、教学反思等支持，帮助新教师成长。通过导师制度，可以促进教师之间的互动和交流，提高教师的教学水平和专业素养。

引入同行评课机制也是促进教师专业发展的重要手段。同行评课可以让教师相互观摩、交流教学经验，提高教学水平。同行评课可以通过观摩课堂、听取学生评价、教学反思等方式进行，评价结果可以作为教师考核的参考。通过同行评课，可以促进教师之间的合作和学习，推动教师的专业发展。

建立教师档案管理系统可以全面了解教师的专业发展情况。教师档案管理系统可以记录教师的教学经历、教学成果、专业发展情况等信息。这样可以为评价提供依据，同时也可以帮助教师进行教学反思和自我提升。

五是建立激励机制。评价机制应设立激励措施，如评选优秀教师、给予奖励等，以激励教师积极投入教书育人工作。提供职业晋升机会是激励教师专业发展的重要手段。学校可以设立职称评定、岗位晋升等机制，为教师提供晋升的机会。这些措施都可以激励教师不断提升自己的教学能力和专业素养，提高工作积极性和教学质量。

六是持续改进和完善。评价机制应定期进行评估和改进，根据实际情况不断完善。可以通过教师反馈、学生反馈、家长反馈等方式收集评价机制的意见和建议，以确保评价机制的科学性和有效性。

构建以"教书育人"为导向的教师考核评价机制，可以更好地促进教师的专业发展和提高教学质量。

三、建立与关键能力相匹配的学生评价体系

一是明确关键能力。明确关键能力是评价体系的基础。学校需要根据教育目标和价值观，确定学生通过学习需要具备的关键能力。明确关键能力，需要从几个方面去思考和论证：

首先，要明确学校教育目标。学校应该明确自己的教育目标，包括学生的综合素质发展和未来的职业发展。教育目标可以涵盖学科知识、技能和态度等方面。例如，学校可能希望培养具有创新精神和批判性思维能力的学生，或者注重培养学生的沟通能力和团队合作能力。

其次，要面向社会需求。学校应考虑社会对关键能力的需求。现代社会对于创造力、批判性思维、沟通能力等关键能力的需求越来越高。学校需与社会需求保持一致，培养学生这些关键能力，以帮助学生适应未来的挑战和变化。

此外，还要尊重学生个体发展差异。学校需要考虑学生的个体差异和发展需求。不同年龄段的学生在关键能力上的发展水平有所不同。学校可以根据学生的年龄、认知发展和

兴趣爱好等因素，确定适合他们的关键能力培养目标。

最后，是注重学科特点。不同学科对关键能力的要求也有所不同。学校需要考虑学科特点，确定与学科内容和学科能力要求相匹配的关键能力。例如，在科学学科中，培养学生的观察力、实验设计能力和科学推理能力是非常关键的。

明确关键能力的过程需要学校管理者、教师团队和专家的共同努力。可以以研讨会、专家讲座、教研活动等形式，深入探讨和解读关键能力的含义和重要性。同时，学校还可以参考相关的教育政策和研究成果，以及其他学校的经验和做法，为自己的关键能力培养目标提供参考。

二是制定评价指标。制定评价指标是建立与关键能力相匹配的学生评价体系中的重要步骤。评价指标应该具体、可操作，并能够反映学生在关键能力上的表现。制定评价指标需要综合考虑学科知识、技能和态度等方面。这主要表现在：

首先，评价指标要有具体性。评价指标应该具体明确，能够清晰地描述学生在关键能力上的表现。指标应该具备可操作性，能够被教师和学生理解和应用。例如，对于沟通能力，评价指标可以包括学生的口头表达能力、书面表达能力、听取他人意见的能力等。

其次，评价指标要有全面性。评价指标应该全面反映学生在关键能力上的表现。关键能力往往是多维度的，涉及不同的方面和技能。评价指标应该覆盖这些方面，以便全面了解学生的关键能力水平。例如，对于创造力，评价指标可以包括学生的想象力、问题解决能力、创新思维能力等。

再次，评价指标要有可衡量性。评价指标应该是可衡量的，能够通过具体的评价方法和工具进行评估。指标应该具备客观性，能够准确地反映学生在关键能力上的水平。例如，对于批判性思维，评价指标可以包括学生的逻辑推理能力、问题分析能力、评估证据的能力等，可以通过阅读理解题、案例分析等方式进行评估。

另外，注意评价指标的阶段性。评价指标应该考虑到学生的年龄和发展具备阶段性的特点。不同年龄段的学生在关键能力上的发展水平有所不同，评价指标应该与学生的发展需求相匹配。例如，对于小学生的创造力，评价指标可以注重学生的想象力和创意表达能力；而对于中学生的创造力，评价指标可以注重学生的创新思维和问题解决能力。

最后，评价指标要具有可操作性。评价指标应该是可操作的，能够被教师和学生应用于实际的评价活动中。指标应该能够指导教师进行评价和反馈，以及指导学生进行自我评价和自我反思。评价指标可以通过具体的描述和示例来帮助教师和学生理解和应用。

制定评价指标需要学校教师团队的共同努力。可以通过研讨会、教研活动、专家讲座等形式，深入探讨和解读关键能力的评价指标。同时，可以参考相关的教育政策和研究成果，以及其他学校的经验和做法，为本校的评价指标制定提供参考。

三是多元化评价方式。评价体系应该采用多元化的评价方式，以全面了解学生在关键能力上的发展情况。单一的考试成绩不能全面反映学生的关键能力水平。可以结合课堂观察、作品展示、小组合作、口头报告、书面作业等多种方式，从不同角度评价学生的关键能力。

课堂观察。教师可以通过课堂观察来评估学生在关键能力上的表现。观察学生的参与度、合作能力、解决问题的能力等，从而了解他们在课堂环境中的关键能力发展情况。

作品展示。学生可以通过自己的作品来展示他们在关键能力上的表现。这些作品可以是书面作业、项目作品、艺术作品等。通过观察和评估学生的作品，可以了解他们在关键能力方面的实际应用能力。

小组合作。学生可以通过小组合作的方式展示他们在关键能力上的表现。小组合作可以提高学生的沟通能力、团队合作能力和解决问题的能力。教师可以观察和评估学生在小组合作中的角色扮演、合作交流和决策能力等。

口头报告。学生可以通过口头报告来展示他们在关键能力上的表现。口头报告可以考查学生的口头表达能力、逻辑思维能力和批判性思维能力。教师可以评估学生的演讲技巧、论证能力和问题回答能力等。

书面作业。学生的书面作业可以反映他们在关键能力上的表现。教师可以评估学生的写作能力、分析能力和创新思维能力等。通过书面作业的评价，可以了解学生在关键能力方面的理解和应用能力。

四是建立评价记录系统。建立学生评价的记录系统是评价体系的重要组成部分。评价记录系统可以包括学生档案、评语、评级等方式，对学生的关键能力发展进行定期评估和反馈。

评价记录系统是用来记录学生的评价结果和成绩的工具。它可以帮助学校或教育机构对学生的评价进行整理和管理，以便为学生提供个性化的学习指导和发展建议。

评价记录系统的建立可以采用电子化的方式，使用学生信息管理系统或学生成绩管理系统来记录学生的评价结果。以下是评价记录系统的一些关键要素：

学生基本信息管理。评价记录系统应该能够记录学生的基本信息，包括学生的姓名、学号、班级等。这些信息可以用于学生的身份识别和查询。

确定评价指标和评分标准。评价记录系统应该能够记录学生在不同能力方面的评价指标和评分标准。这些指标和标准可以根据学校或教育机构的要求进行定制，以确保评价的准确性和一致性。

记录评价结果。评价记录系统应该能够记录学生在不同评价方式下的评价结果。这些结果可以是定量的，如考试成绩或作业得分，也可以是定性的，如项目报告的评价意见。评价结果应该能够与评价指标和评分标准相对应，以便对学生的表现进行全面的评估。

查询和分析功能。评价记录系统应该具备方便查询和分析学生评价结果的功能。教师和学校管理者可以通过系统查询学生的评价结果，了解学生在不同能力方面的表现，并进行分析和比较。这样可以为学生提供个性化的学习指导和发展建议。

反馈和报告生成。评价记录系统应该能够生成评价结果的反馈和报告。这些反馈和报告可以向学生和家长提供评价结果和反馈意见，帮助他们了解学生在不同能力方面的优势和不足，并提供相应的改进建议。

评价记录系统的建立需要学校或教育机构投入相应的资源和技术支持。同时，系统的设计和使用也需要教师和学校管理者的培训和指导，以确保评价记录系统的有效运行和使用。

五是提供个性化辅导。评价体系不仅仅是对学生进行评估，更重要的是提供个性化的辅导。根据学生的评价结果，教师可以制订相应的培养计划和教学策略，帮助学生提高关键能力水平。个性化辅导可以针对学生的不同需求和兴趣，提供更有针对性的教学活动。

了解每个学生的特点，根据评价结果，发现每个学生的学习方式、兴趣点和学习能力，了解他们在学习上的优点和不足。为学生提供个性化的学习计划，计划应该包括他们需要学习的具体内容，以及他们需要达到的学习目标。同时，也要根据他们的学习进度和理解程度来调整计划。

六是评价与教学相结合。评价体系应该与教学相结合，促进学生在关键能力上的积极发展。教师可以根据评价结果，调整教学内容和方法，提供更有针对性的教学活动，激发学生的学习兴趣和动力。评价结果可以作为教师反思和改进教学的依据，从而提高教学质量和学生的关键能力水平。

第六节　着意"匠心赋能"，提升管理团队领导力

一、抓住"关键少数"

加强干部队伍建设，凝聚"关键少数"力量，提高政治站位，增强大局意识，凝聚团队精神。

选拔优秀的干部至关重要。在选拔过程中，需要注重候选人的品德、能力和潜力。具有责任感、担当精神、创新精神和团队协作精神的干部是首选。他们不仅需要具备专业知识和技能，还需要具备领导力和组织协调能力。

加强干部培训是提高干部队伍素质的重要途径。通过定期组织干部参加培训班和研讨会，可以提高干部的专业素养和管理能力。培训内容可以包括教育政策、教育理论、管理技巧、领导力培养等。这有助于干部更好地理解学校的整体发展方向和目标，增强他们的大局意识。同时，培训也为干部提供了学习和交流的机会，促进了团队精神的形成。此

外，针对不同岗位和职责，还可以开展针对性的培训，提高干部在实际工作中的能力和表现。

建立科学合理的激励机制，可以激发干部的积极性和创造力。对表现突出的干部进行奖励和表彰，可以激励他们更加努力地工作，提高工作质量和效率。同时，也起到了示范和激励其他干部的作用。此外，注重培养和选拔优秀的年轻干部，关注干部的成长和进步，给予适当的晋升和待遇，有助于为干部队伍的长远发展打下基础。

增强大局意识是提高干部队伍整体水平的重要方面。要让干部了解学校的整体规划和目标，站在更高的角度看待问题，从而更好地协调和管理各方面的工作。通过加强学习和交流，可以让干部更加了解学校的整体运营和发展方向，从而更好地发挥自己的作用。

通过组织团队活动和集体学习等方式，增强干部队伍的凝聚力和向心力，增进干部之间的互信和合作意识，形成团结、和谐的工作氛围。团队活动可以提升干部之间的凝聚力和归属感，促进团队成员之间的相互支持和帮助。集体学习则有助于共同提高专业素养和工作能力，形成一致的价值观和工作理念，共同为学校的发展贡献力量。

建立良好的沟通机制是促进干部队伍建设和学校发展的重要手段。学校管理者要与干部保持密切联系，及时了解其工作情况和困难，帮助解决问题。定期召开干部会议，可以促进干部之间的交流和沟通，共同研究解决学校工作中的问题。这种集体讨论和决策的方式有助于形成共识和团队精神。此外，建立畅通的沟通渠道，鼓励干部之间相互交流和分享经验，也有助于加强团队合作和凝聚力。

建立考核评估制度。建立科学的考核评估制度，可以对干部的工作表现进行定期评估。这有助于及时发现问题并进行纠正，促使干部不断提高工作水平。通过考核评估，可以激励干部增强大局意识和责任感，推动团队的整体发展。

加强党建工作。党组织在学校管理中发挥着重要的作用。加强党员干部的培养和教育，可以引导他们始终坚持党的路线方针政策，增强党性修养和服务意识。党组织的引领和支持，有助于团队形成共同的价值观和目标，提高团队的凝聚力和战斗力。

关注干部身心健康是保障他们更好地工作和发展的基础。学校要关注干部的身心健康，提供必要的心理辅导和支持。同时，也要鼓励干部保持良好的生活和工作习惯，以健康的身心状态投入到工作中。这样可以提高工作效率和创造力，有利于促进学校的发展和进步。

以上措施的实施，可以有效加强学校干部队伍建设，增强大局意识和凝聚团队精神。这将为学校的整体发展提供坚实的组织保障，促进学校管理水平的提升和教育教学质量的提高。

二、坚持"以人为本，教师第一"

教师的职业是塑造人，只有"用幸福才能塑造幸福，用美好才能塑造美好"。当管理者把每一个教师都放在心上，放在第一位的时候，教师也会把每一个学生放在心上，放在第一位，实现"眼中有生，心中有爱，学生第一"。

关注教师的需求和感受。在制定管理政策和措施时，要充分考虑教师的需求和感受，尊重他们的意见和建议。这样可以增强教师的参与感和归属感，提高他们的工作积极性和满意度。

建立良好的沟通机制。要建立有效的沟通机制，鼓励教师提出自己的想法和建议。学校领导要经常与教师进行交流和沟通，了解他们的工作情况和困难，并及时给予帮助和支持。

提供专业培训和发展机会。为教师提供专业培训和发展机会是人性化管理的重要方面。通过培训，可以提高教师的专业素养和教学能力，帮助他们更好地适应教育工作。同时，也要为教师提供晋升和发展的机会，激发他们的工作热情和动力。

营造良好的工作环境。要营造一个积极、和谐的工作环境，让教师能够在愉悦的氛围中工作。这包括建立公正、公平的考核制度，提供必要的资源和支持，以及关注教师的身心健康等方面。

鼓励教师参与决策和管理。要让教师参与到学校的决策和管理中来，充分发挥他们的智慧和创造力。通过参与决策和管理，教师可以更好地了解学校的运营和发展方向，从而更好地发挥自己的作用。

建立有效的激励机制。要建立有效的激励机制，鼓励教师积极工作，提高工作质量和效率。这包括设立奖励制度、提供福利待遇、给予晋升机会等方面。同时，也要关注教师的情感需求，给予适当的关心和支持。

关注教师的家庭生活。要关注教师的家庭生活，帮助他们解决生活中的困难和问题。这包括提供必要的支持和帮助、关注教师的家庭状况、给予适当的关心和慰问等。

打造师德名片。发掘师德典型，加强引领，注重感召，弘扬楷模，形成强大的正面典型。挖掘、推介优秀教师的先进事迹，塑造教师的良好形象。

锻造专业成长。建立"师有所需，训有所应"的教师培训和成长机制；落实校本教研制度。开展问题即课题、课题即课程、课程即行动、行动即研究、研究即成果、成果即成长的小微课程研究，提高教师科研学术素养。2018年12月至今，全校省市级课题结题5项，立项10项；建立名师激励制度，设立名师工作室，实施团队"孵化"行动，促进整体提升。